Die Friedhöfe der
Jüdischen Gemeinde
zu Berlin

Argon

Trauerhalle auf dem Jüdischen Friedhof Weißensee

Wolfgang Gottschalk

Die Friedhöfe der jüdischen Gemeinde zu Berlin

Argon

Inhalt

Geleitwort

Die Anzahl und Bedeutung der jüdischen Friedhöfe in Berlin ist allein schon — vergleicht man sie mit der Größe der heute bestehenden Jüdischen Gemeinde der Stadt — eine Anklage gegen das Vernichtungswerk der Nationalsozialisten. Der Besucher einer der alten Friedhöfe — in der Großen Hamburger Straße beispielsweise oder in der Schönhauser Allee — kann auf sich die Atmosphäre und die Namen berühmter Juden einwirken lassen, die mit ihrem Engagement zum guten Ruf Berlins in der Welt beigetragen haben. In Weißensee wird wiederum durch die Größe deutlich, daß Berlin in der Weimarer Zeit mit 173 000 Mitgliedern der Jüdischen Gemeinde die fünftgrößte jüdische Metropole der Welt darstellte und somit auf natürliche Weise eine Buntheit und Vielfalt bot, die die Anziehungskraft der Stadt als eines europäischen Zentrums erhöhte. Die meisten jüdischen Menschen, die sich auf diese Weise um Berlin verdient gemacht haben, konnten allerdings nicht in Weißensee begraben werden. Ihr Andenken bewahrt auf dem Friedhof in der Heerstraße — und seit kurzem auch auf dem in Weißensee — symbolisch die beigesetzte Urne mit Asche aus Auschwitz.

In den Jahrzehnten nach der Befreiung von der Naziherrschaft hat die jüdische Gemeinde zu Berlin vieles schaffen können. So verfügen wir heute nicht nur über eine orthodoxe Synagoge in der Joachimstaler Straße, konservative Synagogen auf dem Prenzlauer Berg (Rykestraße) und in Kreuzberg (Fraenkelufer), über zwei liberale Synagogen in Charlottenburg (Pestalozzistraße und Herbartstraße), über ein Jugendzentrum, eine Kindertagesstätte und eine Grundschule, Gemeindebibliotheken (Oranienburger Straße und Fasanenstraße) sowie eine Volkshochschule, die von einer breiten Öffentlichkeit, die weit über die Mitglieder unserer Gemeinde hinausgeht, genutzt werden, sondern auch über einen nach der Teilung der Gemeinde 1956 angelegten Friedhof am Scholzplatz. In den wenigen Jahrzehnten seines Bestehens wurden hier bereits Tausende Menschen zu Grabe getragen — eine traurige Bilanz, war doch der Mitgliederbestand unserer Gemeinde in den ersten Jahren ihres Bestehens stark überaltert.

»Bet olam« — am trefflichsten mit »ewiges Haus« übersetzt, werden jüdische Friedhöfe genannt. Die Gräber werden nicht, wie in anderen Religionen üblich, nach einer bestimmten Frist planiert, sondern auf Dauer angelegt. Besucht man ein Grab, so legt man einen kleinen Stein darauf. Dieser Brauch mag wohl daher stammen, daß im biblischen Land die Gräber als Steinhügel angelegt waren, man also beim Besuch einer Ruhestätte die durch die natürliche Bodenerosion verrutschten Steine wieder zu einem Hügel aufschichtete.

Die Beerdigungsgesellschaften, »Chewra Kaddischa« genannt, haben es sich zur heiligen Pflicht gemacht, ihre jüdischen Mitmenschen gemäß den Vorschriften des jüdischen Religionsgesetzes ehrenvoll zu bestatten. Dazu gehören u. a. das Waschen der Leiche, das Bekleiden in einheitliche weiße Totengewänder und das Einsargen in einen schmucklosen Sarg.

In einer Zeit, in der Unbelehrbare sich wieder an jüdischen Grabsteinen in diesem Lande vergreifen, wünsche ich dieser Publikation großen Erfolg; eingeschlossen in das Gedenken an diejenigen, die hier in Berlin beerdigt sind, seien jene 55 000 Berliner Juden, die von den Nazis ermordet wurden und für die es auf den Friedhöfen am Scholzplatz und in Weißensee nur Gedenksteine gibt.

Heinz Galinski

Einleitung

Die jüdischen Friedhöfe Berlins sind nicht nur untrennbar mit der Stadtgeschichte verbunden, sondern besitzen auch unschätzbare kunsthistorische Bedeutung. Darüber hinaus legen sie Zeugnis ab vom Schicksal der Juden in Berlin, einer Geschichte von Assimilation und Selbstbehauptung, Toleranz und Verfolgung, Vernichtung und Neubeginn.

Dieses Buch will Begleiter und Wegweiser für die Friedhöfe der Jüdischen Gemeinde zu Berlin sein, für die ehemaligen und die heute noch bestehenden. Eingehende Würdigungen von Persönlichkeiten und kunstwissenschaftliche Betrachtungen bleiben anderen, zum Teil bereits erschienenen Veröffentlichungen vorbehalten.

Dagegen widmet sich die vorliegende Publikation relativ ausführlich dem wechselvollen Schicksal der einzelnen Friedhöfe, so auch dem an der einstigen Judengasse vermuteten ältesten »Guten Ort« Berlins. Die widersprüchlichen Äußerungen von Historikern sind gerade in diesem Fall besonders kennzeichnend für die politische Entwicklung in Deutschland im 19. und 20. Jahrhundert. Ein Ausdruck der engen Verbindung von jüdischer und Berliner Geschichte ist es, daß auch auf zahlreichen anderen Berliner Friedhöfen jüdische Bürger ihre letzte Ruhestätte gefunden haben. Nicht nur auf dem — im Rahmen dieses Bandes nicht berücksichtigten — 1878 angelegten Friedhof der Israelitischen Synagogengemeinde Adass Jisroel in Weißensee, sondern auch auf evangelischen, katholischen und kommunalen Begräbnisplätzen findet man Gräber bedeutender jüdischer Persönlichkeiten. So ruhen beispielsweise Felix Mendelssohn Bartholdy und Rahel Varnhagen von Ense vor dem Halleschen Tor, Emil und Walther Rathenau auf dem Waldfriedhof Wuhlheide, Rosa Luxemburg auf dem Zentralfriedhof Friedrichsfelde, Paul Dessau und Hans Eisler an der Chausseestraße.

Die Vorarbeiten für diese Veröffentlichung als Teil einer Publikation über sämtliche Berliner Friedhöfe reichen rund ein Jahrzehnt zurück. Die Fotoaufnahmen entstanden zwischen 1983 und 1992; zum Teil geben sie Situationen wieder, die sich inzwischen auf Grund von Renovierungsarbeiten verändert haben.

Jüdische Friedhöfe haben generell an Sonnabenden (Sabbat) und jüdischen Feiertagen geschlossen. Die täglichen Öffnungszeiten variieren, zwischen 9.00 und 16.00 Uhr allerdings (freitags bis 13.00 Uhr) sind alle besprochenen Friedhöfe geöffnet. Männliche Besucher müssen eine Kopfbedeckung tragen.

Der leichteren Orientierung für den Friedhofsbesucher sollen die Pläne dienen, die nach verschiedenen Unterlagen sowie Begehungen gezeichnet wurden. Während bei dem Friedhof an der Schönhauser Allee die wichtigsten Grabstätten in den Plan eingezeichnet wurden, findet der Leser bei dem Weißenseer Friedhof jeweils im Text Hinweise auf die Grablage; dabei bedeutet beispielsweise ⇨ P2/U2, daß sich das betreffende Grab im Feld P2 befindet, gegenüber vom Feld U2.

Bei der Vielzahl der in diesem Buch mitgeteilten Fakten sind Fehler nicht auszuschließen. Deshalb sind alle an der Veröffentlichung Beteiligten, vor allem der Autor, dankbar für korrigierende und ergänzende Hinweise der Leser. Eine derartige Resonanz wäre zugleich ein Zeichen für die Wichtigkeit und Nützlichkeit dieses Wegweisers für die Friedhöfe der Jüdischen Gemeinde zu Berlin.

Wolfgang Gottschalk
Berlin, im Januar 1992

Ehemalige Juden-Kiewer in Spandau

Die erste urkundliche Erwähnung jüdischer Bewohner in Spandau stammt aus dem Jahre 1307. Sie lebten in der Jüdenstraße, die seit 1938 Kinkelstraße heißt. Wahrscheinlich an deren Südende gab es eine Synagoge, außerdem einen schon 1324 verbindlich belegten Friedhof. Die genaue Lage dieses Juden-Kiewers — von »Kewer«: hebräisch »Grab« — ist nicht bekannt. In Johann L. Dilschmanns »Diplomatische Geschichte und Beschreibung der Stadt und Festung Spandow« aus dem Jahre 1784 heißt es dazu: *»Dieser Kiewer lag neben der Stadt und dem Hochgerichte und der Rat bekam für denselben jährlich 1 Schock 13 Groschen als ein Grundzins.«* Der Friedhof war also nicht im Besitz

Jüdischer Spandauer Grabstein von 1244

der Spandauer Juden, sondern Eigentum der Stadt Spandau. Außer dem Grundzins mußten für jeden Verstorbenen noch eine Bestattungsgebühr und ein Durchfahrtzoll beim Leichentransport durch Spandauer Stadtgebiet entrichtet werden. So war im Jahre 1464 an die Kämmerei eine Beerdigungsgebühr von 20 Pfennigen zu zahlen.

Nach Dilschmanns Chronik wäre anzunehmen, daß sich der Friedhof südwestlich des historischen Stadtkerns befand — vor dem einstigen Kloster- und späteren Potsdamer Tor an der Hochgerichtsstraße (heute Seegefelder Straße) am Galgenberg, wo noch im 19. Jahrhundert Hinrichtungen stattfanden. Nach den Spandauer Kämmereirechnungen von 1464 müßte der Begräbnisplatz allerdings vor dem Heidetor, am Ende der heutigen Carl-Schurz-Straße, also nördlich der Spandauer Altstadt, gelegen haben. Möglicherweise hat man sogar von zwei verschiedenen jüdischen Friedhöfen der Spandauer Gemeinde aus-

Ausstellung in der Spandauer Zitadelle

Spandauer Grabstein auf dem Friedhof Heerstraße

zugehen: einem im 13. und frühen 14. Jahrhundert und einem im
15. Jahrhundert. Der erste Juden-Kiewer wäre dann vermutlich
während der Verfolgungen von 1349, der zweite nach Vertreibung der Juden aus der Mark Brandenburg im Jahre 1510 unter
Kurfürst Joachim I. zerstört worden. Auf letzteres Datum bezieht sich Dilschmann in seiner Chronik, der zu entnehmen ist,
daß nach 1510 der *»Begräbnisplatz zu einem anderen Gebrauch angewendet«* und *»die Leichensteine davon sind hernach zum Festungsbau verbraucht worden«*. Bei archäologischen und baugeschicht-
lichen Untersuchungen im Bereich der Zitadelle seit 1955
wurden dort bislang 65 Grabsteine und fünf Fragmente mit hebräischen Inschriften der Zeit zwischen 1244 und 1474 geborgen.
Sie stammen vermutlich von drei Friedhöfen: von zweien für
die Spandauer und einem für die Berliner Juden. Die Steine
wurden im Mauerwerk des gotischen Süd-Palas aus der zweiten
Hälfte des 14. Jahrhunderts und des seit 1984 freigelegten West-

Spandauer Grabsteine auf dem Friedhof Heerstraße

Palas vom Anfang des 15. Jahrhunderts sowie der zeitgleich erbauten Burgmauer entdeckt. Durch die Vermauerung blieben diese wichtigen Zeugnisse unserer Geschichte in erstaunlich gutem Zustand erhalten.

Die relativ hohe Zahl, aber auch das Gewicht der einzelnen Steine zwischen acht und 15 Zentnern lassen auf eine zahlenmäßig große und wohlhabende Gemeinde schließen, die im Mittelalter vermutlich eine größere Bedeutung als die Berliner Judengemeinde gehabt hat — wenn man davon ausgeht, daß letztere auch vor Spandaus Toren ihren »Guten Ort« angelegt hatte. Nur angesehene größere Gemeinden besaßen einen eigenen Begräbnisplatz als Eigentum oder Pacht, auf dem auch kleinere Gemeinden aus der näheren Umgebung ihre Toten bestatten konnten. Möglicherweise genossen die Berliner Juden bei der Anlage eines eigenen Friedhofes aber auch den besonderen Schutz der Spandauer Gemeinde. Dieser Totenacker soll im

Nordosten der Stadt Spandau vor dem Mühlentor, am Ende des heutigen Möllentordammes gelegen haben und damit an der mittelalterlichen Straße nach Berlin. Die unmittelbare Nähe der Zitadelle würde die spätere Verwendung der Grabsteine beim Festungsbau erklären.

Sechs der bislang im Spandauer Zitadellenbereich ans Tageslicht gelangten Grabmäler sind als die frühesten bekannten Zeugnisse nicht nur jüdischen Lebens in Berlin, sondern der gesamten Mark Brandenburg auf dem Neuen Friedhof der Jüdischen Gemeinde zu Berlin an der Heerstraße in Eingangsnähe am Hauptweg aufgestellt worden. 39 der bislang geborgenen Grabmäler sind in einer vom Spandauer Kunstamt gestalteten Dauerausstellung in den Kasematten der Bastion »Königin« der Zitadelle zu besichtigen. Besondere Beachtung verdient ein Stein aus dem Jahre 1244 — das älteste bekannte Berliner Grabmal überhaupt. Die 1988 eröffnete und 1992 wesentlich erweiterte Exposition wird ergänzt durch eine Dokumentation zur Geschichte der Jüdischen Gemeinde von Spandau.

Zitadelle Spandau
Am Juliusturm
W-1000 Berlin 20

🅄 Linie 7 bis Station Zitadelle
🚌 133 bis Haltestelle Zitadelle

Vermuteter ehemaliger Jüdischer Friedhof Gollnowstraße

Über den ersten Begräbnisplatz der nachweislich seit 1295, wahrscheinlich aber schon seit 1247 in Berlin lebenden jüdischen Familien existieren bis heute keine eindeutigen Belege. Es gibt jedoch Vermutungen, daß dieser »Gute Ort« im 13. Jahrhundert weit außerhalb der damaligen Stadt, vor dem Georgentor (seit 1701 Königstor) angelegt wurde. Dieser Friedhof im Winkel zwischen Gollnow- und Landwehrstraße — letztere hieß bis ins 19. Jahrhundert Judengasse — soll um 1573 geschlossen worden sein: eine unmittelbare Folge der 1571 einsetzenden Judenverfolgung unter dem Kurfürsten Johann Georg. Die Pogrome erreichten damals ihren grausamen Höhepunkt mit der Hinrichtung des kurfürstlichen Münzmeisters und Finanzberaters Lippold als Opfer ungerechtfertigter Beschuldigungen am 28. Januar 1573 vor dem Berliner Schloß: »*mit gluenden Zangen gezwackt, darnach von unten auff geredert, volgents geviertelt, vor jedem Thor ein Viertel aufgehenkt*«, wie es auf einem zeitgenössischen Flugblatt heißt. Es folgte durch Joachim II. — wie schon 1510 — eine Ausweisung der Juden aus der Mark Brandenburg.

Es gibt Vermutungen, daß man sowohl die sterblichen Überreste Lippolds als auch 38 weiterer Juden, die unter Joachim I. am 19. Juli 1510 wegen angeblicher Hostienschändung und anderer unbewiesener Verbrechen vor den Toren Berlins öffentlich verbrannt worden waren, auf dem Friedhof an der Gollnowstraße bestattet hat.

Zu dieser Zeit lag wenige hundert Meter westlich dieses Geländes der Kirchhof des St.-Georgs-Hospitals. Von 1764 bis 1825 beerdigte die Parochialgemeinde ihre Toten auf einem Areal an der Georgenkirchstraße, zwischen Gollnow- und Lietzmannstraße (nach 1945 Gerlachstraße), in unmittelbarer Nachbarschaft des vermuteten einstigen Judenfriedhofes.

Interessant ist in diesem Zusammenhang ein Bericht in der »Vossischen Zeitung« vom 27. Juli 1865, der sich auf einen Vortrag des Arztes Dr. Julius Beer — Mitbegründer des Vereins für die Geschichte Berlins — bezieht:

»Eine. . .Reliquie aus altberlinischer Zeit ist der ehemalige jüdische Kirchhof auf der westlichen Seite der Landwehrstraße, welcher sich ursprünglich bis zur Lietzmanns-, Großen Georgen- und Gollnowsgasse erstreckt hat, jetzt jedoch durch Neubauten immer kleiner wird. Die Copialienbücher des hiesigen Stadtgerichts weisen noch das alte Terrain aus. . .Wieviel Trübsal und Jammer, wieviel Verfolgungssucht und Rachegefühl ist dort der Mutter Erde übergeben worden, wieviel Märtyrer und Blutzeugen aller Art des verfolgten Geschlechts ruhen dort aus. Diese Betrachtungen sind um so gerechtfertigter, als man weiß, daß nach der Verbrennung der 35 Juden auf dem Neuen Markt durch die Machinationen des geldgierigen Bischofs Hieronymus Schultze zu Brandenburg (Scultetus), 1510 im Juni, die Juden die Mark meiden mußten, und selbst die Taufe nur den Scheiterhaufen in das Richtschwert umwandelte. Dort ward natürlich auch der Kirchhof zu der Stadt geschlagen oder vielmehr wohl zerstört, was schon zur Zeit des schwarzen Todes 1346 wohl ebenso geschehen, als der Markgraf Ludwig dem Probst von Mörner die verlassene Stätte nebst Synagoge am Großen Jüdenhof geschenkt hatte. Auch Joachims II. Tod und die durch nichts bewiesene Berechtigung zur Hinrichtung des Finanzministers Lippold, der allerdings auch gegen seine eigenen Stammesgenossen unerbittlich streng als Steuereintreiber sich bewiesen, werden dem stillen wieder eröffneten Gottesacker so manches gebrochene Herz überliefert haben, welche in dieser Periode die Bewohner des neuen kleinen Jüdenhofes. . . gewesen.

Wenn die Gebeine, welche noch oft, namentlich in dem Kirchner-schen Garten (Gollnowstraße 17) ausgegraben werden, reden könnten, manche wunderbaren Verhältnisse kämen zu Tage! Das uralte Lei-chenhaus steht dort halb in der Erde versunken, noch vor kurzem soll sich ein altehrwürdiges, priesterliches Konterfei in Gips an demselben befunden haben . . . Es ist hohe Zeit, daß dergleichen Reliquien photo-graphisch wenigstens erhalten werden. Es ist eigentümlich, daß für das Andenken dieses Kirchhofes so wenig bisher getan worden, während notorisch für den jüdischen alten Kirchhof in der Oranienburger Straße viel Mühe und Zeit aufgewendet wird, um der Pietät Rech-nung zu tragen, was selbst hohe Staatsbeamte tun, deren Ahnen dort schlafen, deren Ritus sie jedoch meist längst verlassen.«

Im Jahre 1868 wurde das gesamte Friedhofsgelände in dem Straßengeviert der Königsstadt von dem Schulvorsteher und Bürgerdeputierten Dierbach für 15 000 Taler erworben, der sich noch 1883 bereit erklärte, *»Nachgrabungen hinter den kleinen Häu-sern der Gollnowstraße nach dem alten Judenkirchhof zu vermitteln«*.

Ein Justizrat Levin teilte 1882 folgende Beobachtung mit: *»Auf einem kleinen Grundstück in der Landwehrstraße – etwa das dritte Haus der Gollnowstraße – habe er vor mehreren Jahren am Brunnen des Hofes Tafeln (Grabsteine) mit hebräischer Inschrift gele-sen und im Hause selbst Vorrichtungen gesehen, welche darauf schlie-ßen lassen, daß das Gebäude zur Waschung der Leichen bestimmt ist. Das Nebenhaus wurde damals neu gebaut, und die Arbeiter versicher-ten, daß sie viele Knochen und Schädel im Baugrund gefunden hatten. An Stelle des kleinen Hauses ist jetzt ein Neubau aufgeführt, und die Steine sind verschwunden. Erwägt man, daß die Landwehrstraße frü-her den Namen Jüdengasse führte, so grenzt die Annahme, daß hier ein jüdischer Begräbnisplatz gewesen ist, an große Wahrscheinlich-keit.«*

Weitere Einzelheiten sind Briefen Dierbachs aus dem Jahre 1883 zu entnehmen: *»Die Wirtin des Hauses Gollnowstraße 17, Frau*

Kirchner, erzählte mir, es habe vor Jahren noch auf ihrem Grundstück ein alter Gebäuderest gestanden, von dem die Tradition behaupte, es sei das Leichenwaschhaus gewesen. Das Haus Landwehrstraße No. 3 sei das jüdische Hospital gewesen...Von Steinen mit hebräischen Buchstaben wußte sie nichts...Herr Zimmermeister Schulz hat eben auf der Stelle gebaut – man fand Gebeine – aber leider verbuddelte man sie sofort wieder. Sie lagen über 12 Fuß tief. In dem Hause Landwehrstraße 5 und 6 befindet sich ein altes Gebäude, von welchem der Wirt behauptet, er könne aus dem Grundbuch nachweisen, daß es eine alte Synagoge sei.« (Archiv Märkisches Museum)

Ob das hier mehrfach genannte Gebäude ein jüdisches Leichenwaschhaus war, wie sie eigentlich erst seit Anfang des 19. Jahrhunderts bekannt sind, ist zu bezweifeln; aber auch ein Zusammenhang mit dem 1764 auf dem Terrain desselben Straßengevierts angelegten Friedhof der evangelischen Parochialgemeinde ist fraglich. Die im 18. Jahrhundert gegründete private Lippmann-Tauß-Synagoge zog 1893 in ein Gebäude auf dem Hof des Fabrikgrundstückes Gollnowstraße 12 — ebenfalls vermutete ehemalige jüdische Bestattungsfläche. Im Zweiten Weltkrieg ausgebrannt, wurden die Bauten 1950 abgerissen.

Eine andere Datierung für den vermuteten ältesten jüdischen Friedhof Berlins gab Werner Heise 1932 in seiner Veröffentlichung »Die Juden in der Mark Brandenburg bis zum Jahre 1571«:

»Zeitlich muß es sich um die zweite Hälfte des 16. Jahrhunderts handeln, um die Jahre 1539 bis 1571, in denen den Juden der Aufenthalt in der Mark wieder gestattet war. An der Stelle, wo dieser Friedhof gelegen hat, wurde 1866 ein Stallgebäude errichtet. Was an der Behauptung, daß man auf diesem alten Judenfriedhof die Opfer von 1348, 1510 und 1571 bestattet habe, richtig ist, soll hier nicht näher untersucht werden. Noch im 15. Jahrhundert jedenfalls setzten die Berliner Juden ihre Toten in Spandau bei.«

Gedenkstein an der Mollstraße

1940 wurde versucht, die Schlußfolgerungen von Julius Beer zu widerlegen. Hans Jahn ging dabei in seiner Schrift »Bilder aus der Berliner Feldmark« von den nicht völlig eindeutigen Grundstücksverhältnissen bzw. den wechselnden Besitzern aus und nutzte Lücken in der Überlieferung für eine tendenziöse, antisemitische Interpretation, ein jüdischer Friedhof an der Gollnowstraße habe niemals existiert.

Die Autoren des 1987 erschienenen Bandes »Jüdische Friedhöfe in Berlin« vermuten, die Begräbnisstätte habe lediglich von den Jahren nach der Neuansiedlung von Juden in Berlin um 1539 bis zu ihrer erneuten Vertreibung 1571 bestanden.

Da aber auf dem betreffenden Gelände keine Untersuchungen und Grabungen vorgenommen wurden, konnte die Frage niemals exakt geklärt werden. Denn bereits Ende des 19. Jahrhunderts war eine Überbauung mit Mietshäusern und Gewerbegebäuden erfolgt. Das vermutliche Friedhofsareal lag im südöstlichen Bereich der großen Kreuzung Moll-/Hans-Beimler-Straße und erstreckte sich etwa bis zu den neuen Wohnblöcken an der Berolinastraße und dem Berolina-Hotel. Der Rabbiner Martin Salomonski hatte 1935 zur Erinnerung an den ältesten »Guten Ort« der Juden in Berlin an der Synagoge des Jüdischen Altersheimes Lietzmannstraße 19-21 eine Gedenktafel anbringen lassen. Das Heim wurde im Zweiten Weltkrieg durch Bomben zerstört, die Ruine der Synagoge 1965 abgerissen; die Tafel gelangte in den Besitz der Jüdischen Gemeinde zu Berlin.

Hinter dem Wohnhaus Mollstraße 11 wurde innerhalb einer kleinen Grünanlage 1988 ein neugeschaffener Gedenkstein aufgestellt, der an diesen Judenfriedhof erinnert — etwa an der Stelle des einstigen Altersheimes. An dem Stein findet man nun auch die Granittafel von 1935 mit der hebräischen Inschrift *»Hier ruhen die heiligen Gebeine der Mitglieder unserer ersten Gemeinde in Berlin. Sie wurden als Märtyrer ermordet und verbrannt am*

12. Aw 5270.« — zur Erinnerung an die grausame Verbrennung von 38 unschuldigen Juden im Jahre 1510.

Obwohl also eindeutige Belege für die Existenz des ältesten »Guten Ortes« in Berlin, des ersten Friedhofes der Juden in der Stadt, fehlen, ist es andererseits sehr unwahrscheinlich, daß es mehr als vier Jahrhunderte lang keinen Begräbnisplatz gegeben haben soll — zumal die Juden-Kiewer in Spandau wohl auch nur von der Mitte des 13. Jahrhunderts bis 1510 bestanden haben.

Ob die Berliner Juden in Spandau einen eigenen, von dem Spandauer unabhängigen, vielleicht auch räumlich getrennten Begräbnisplatz gehabt haben, ist ebenfalls nur indirekt belegbar. Die Berliner Zeitschrift »Bär« hatte in ihrer Ausgabe vom 4. Juli 1885 diese Frage aufgegriffen und sich dabei auf Johann L. Dilschmanns 1784 erschienene, bereits im vorigen Abschnitt zitierte »Diplomatische Geschichte und Beschreibung der Stadt und Festung Spandow« bezogen. Dort wird ein solcher Friedhof angeführt, allerdings ohne jegliche Lokalisierung. Nach den ebenfalls bereits erwähnten Spandauer Kämmereirechnungen von 1464 müßte er vor dem Mühlentor gelegen haben, also im Nordosten von Spandau, in unmittelbarer Nähe der Zitadelle, deren erster Palas schon um 1200 erbaut wurde.

Ungeklärt ist auch die Herkunft von zwei mittelalterlichen Grabsteinfragmenten mit hebräischer Inschrift, die im Jahre 1988 auf dem Boden des Verwaltungsgebäudes der damaligen Ostberliner Jüdischen Gemeinde, Oranienburger Straße 28, entdeckt wurden; es ist nicht auszuschließen, daß sie von dem Friedhof an der Gollnow-/Landwehrstraße stammen.

Plan der Jüdischen Friedhöfe im Berliner Stadtkern

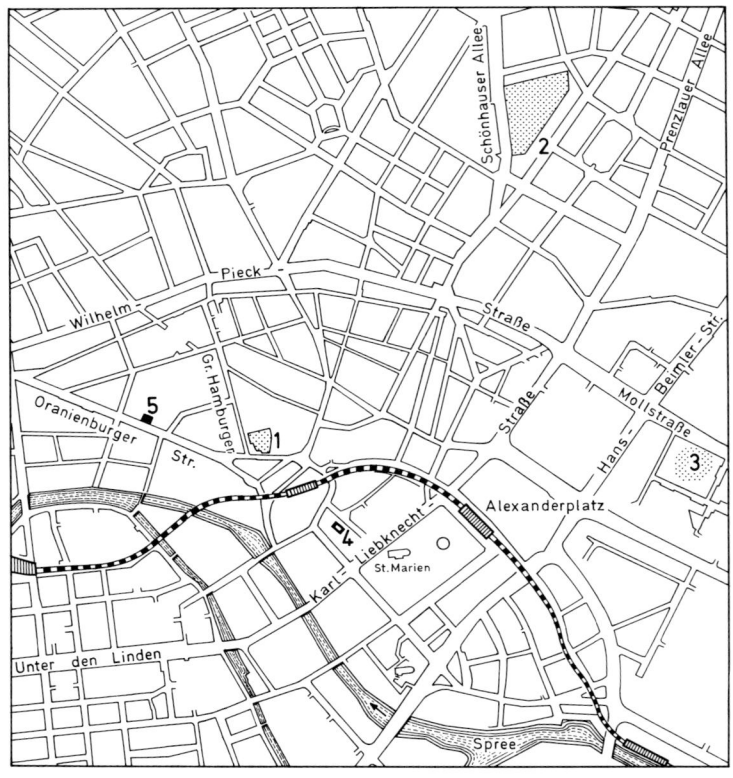

1. Ehemaliger Jüdischer Friedhof Große Hamburger Straße
2. Jüdischer Friedhof Schönhauser Allee
3. Vermuteter ehemaliger Jüdischer Friedhof Gollnowstraße
4. Standort der ehemaligen Synagoge Heidereutergasse
5. Neue Synagoge Oranienburger Straße

Ehemaliger Jüdischer Friedhof Große Hamburger Straße

Die nach dem Aufnahmeedikt des Kurfürsten Friedrich Wilhelm vom 21. Mai 1671 gegründete Jüdische Gemeinde zu Berlin legte im Rosenthaler Viertel vor dem Spandauer Tor, an der Großen Hamburger Straße 26, nahe der Oranienburger Straße, einen Begräbnisplatz an. Es ist heute der älteste Friedhof der Innenstadt, der als solcher noch andeutungsweise erkennbar ist. Eine Granittafel an der südlichen Umfassungsmauer zur Oranienburger Straße, wo sich ursprünglich der Eingang befand, gibt darüber Auskunft, daß hier im Jahre 1672 als erster der verstorbene Gumpericht Jechiel Aschkenasi zu Grabe getragen wurde.

In den Jahren von 1682 bis 1694 wurden zur Vergrößerung des Friedhofes mehrfach angrenzende Garten- und Ackerflächen erworben. Im Jahr 1714 überließen die Berliner Juden der benachbarten, seit 1712 bestehenden Sophiengemeinde einen erheblichen Teil ihres Friedhofsgrundstücks als Geschenk — im selben Jahr wurde mit der Synagoge in der Heidereutergasse die erste öffentliche jüdische Kultuseinrichtung der Stadt eingeweiht. 1716 errichtete man zwischen dem jüdischen Begräbnisplatz und dem Sophienkirchhof eine im Kern noch heute vorhandene Grenzmauer. Bis 1827 fanden auf dem nur 0,59 Hektar großen Friedhof etwa 12 000 Verstorbene ihre letzte Ruhestätte. Sie waren nicht nur Mitglieder der Berliner Jüdischen Gemeinde, sondern auch der von Spandau, Nauen, Kremmen, Zehdenick und Oranienburg. Die letzte Beisetzung erfolgte am 24. Juni 1827, denn inzwischen war ein neuer, größerer Friedhof vor dem Schönhauser Tor geschaffen worden — entsprechend

Grabmalsreihe an der Südmauer (Zustand 1984)

einer Forderung der Königlichen Regierung zu Berlin vom 7. Dezember 1817.

Im Jahre 1872 sorgte der Friedhofsinspektor Leiser Landshut für eine »Renovierung« der damals wohl arg vernachlässigten Anlage — er registrierte die 2767 noch vorhandenen Grabsteine, reinigte sie und besserte die Stelen teilweise aus.

Der jüdische Publizist Julius Rodenberg schilderte 1887 in der »Neuen Folge« der »Bilder aus dem Berliner Leben« seine Eindrücke von einem Besuch auf dem Begräbnisplatz an der Großen Hamburger Straße in unmittelbarer Nachbarschaft der Sophienkirche:

»*Unter dem grauen Novemberhimmel stehe ich vor einem beträchtlichen Gebäude der Großen Hamburger Straße... Das Haus ist die Jüdische Alter-Versorgungsanstalt, das daneben ist die Jüdische Knabenschule, und beide zusammen begrenzen den ältesten, nunmehr schon lange geschlossenen Jüdischen Friedhof, welcher ein weites, offe-*

Fragmente barocker Sarkophag-Grabmäler

nes Terrain zwischen den benachbarten Quartieren der Großen Hamburger und Rosenthaler Straße bildet, und gegen Norden an den gleichfalls längst geschlossenen alten Sophienkirchhof stößt... Der älteste Grabstein ist von 1672, der zweite von 1675, und bis zum Jahre 1827, wo der neue, nunmehr auch geschlossene Friedhof vor dem Schönhauser Tor angelegt wurde, war dieser die einzige Begräbnisstätte der Gemeinde. Gegen zwölftausend Tote ruhen auf ihm... Was die Pietät für die Gestorbenen betrifft, so möchte ich wohl in Berlin vergeblich einen anderen Friedhof suchen, wo man ihr Andenken über zwei Jahrhunderte hinaus in gleicher Weise liebevoll erhalten hat. Mehr als dreitausend von den alten Grabsteinen sind ermittelt, renoviert und zum Teil wieder aufgerichtet worden... Vorn an der Mauer, wo früher der Eingang gewesen, sind die Gräber der Rabbiner und dann, in einer großen Gruppe zusammen, die der ersten Einwanderer aus Wien. Viele von diesen Grabsteinen sind sehr zierlich ausgehauen, mit Säulenknäufen und Blumengewinden – dem spärlichen

Zierrat, welchen das jüdische Ritual den Toten gestattet. Hier und dort sieht man die segnend zusammengefügten Hände der Priester, die Gießkanne der Leviten. Auch der Löwe findet sich, um anzudeuten, daß der Name des hier Bestatteten Jehudah gewesen – denn Jehudah heißt Löwe. Zahlreich sind die Gedenktafeln, welche von Urenkeln bis zur achten Generation ihren Vorfahren gewidmet worden; und ganz am Ende gelangt man auf ein weites Stück, von Rasen bedeckt, wo nur noch einzelne, schon halb in die Erde gesunkene Steine stehen . . . Ein Grab aber hebt von allen Gräbern sich leuchtend ab – es ist von einem Gitter umschlossen, mit Epheu bewachsen und auf dem Grabstein steht, oben in hebräischer Schrift, unten in goldenen deutschen Lettern:

Moses Mendelssohn,

geb. zu Dessau den 6. September 1729,

gest. zu Berlin den 4. Januar 1786.

Er ruht nicht weit von Rabbi Fraenkel, seinem ersten, geliebten Lehrer, dem er aus der Heimat hierher nach Berlin gefolgt ist, nicht weit von Bernhard, der sein großmütiger Brotherr gewesen, und nicht weit von jenem merkwürdigen Abraham Rechenmeister, welchen Lessing als Derwisch im ›Nathan‹ verewigt hat.«

Noch im ersten Drittel des 20. Jahrhunderts waren auf dem Friedhof etwa 2800 Grabstätten zu finden — und mit ihnen anderthalb Jahrhunderte Geschichte Berlins und seiner Jüdischen Gemeinde. Hier ruhen nicht nur der Philosoph MOSES MENDELSSOHN (1729-1786), sondern zahlreiche weitere jüdische Berliner Persönlichkeiten wie VEITEL HEINE EPHRAIM (1703-1775), Juwelier, Münzunternehmer und Hofbankier Friedrichs II., der Arzt MARKUS ELIESER BLOCH (1723-1799), SIMON VEIT (gest. 1819), Bankier und Schwiegersohn Ephraims, die Eltern von Henriette Herz — der Vater BENJAMIN ABRAHAM DE LEMOS (1711-1789) war Arzt der Berliner jüdischen Gemeinde — und ihr

Moses Mendelssohn
geboren zu Dessau
am 6.September 1729
gestorben zu Berlin
am 4.Januar 1786

1990 erneuertes Grabmal für Moses Mendelssohn

Gedenkanlage am Eingang zum Friedhof

Gatte, der Arzt und erste jüdische Professor in Preußen MAR-
CUS HERZ (1747-1803), während sie selbst 1847 vor dem Halleschen Tor beerdigt wurde. Da es als eine besondere Ehre galt,
einen Platz in der ersten Reihe der sogenannten obenan liegenden Toten einzunehmen, gab beispielsweise der Großvater
Giacomo Meyerbeers — mütterlicherseits —, L. M. WULFF,
mehrere tausend Taler, um nach seinem Tode dort entsprechend
standesgemäß bestattet zu werden. In dieser Reihe ruhte auch
der Urahn der Familie Itzig (Hitzig), der Pferdelieferant König
Friedrich Wilhelms I., DANIEL ITZIG, während für die Nachfahren mit dem Namen Hitzig 1882 auf dem Friedhof
der Dorotheenstädtischen und Friedrichswerderschen Gemeinde an der Chausseestraße ein großes Mausoleum errichtet
wurde.

Zum Anfang des 20. Jahrhunderts war der einst freiliegende
Begräbnisplatz rundherum von Häusern eingeschlossen und

auch von der Großen Hamburger Straße aus durch die lange Gebäudeflucht der Jüdischen Altersversorgungsanstalt und der Jüdischen Knabenschule kaum noch wahrnehmbar. Das Friedhofsgelände selbst blieb unverändert, da nach den jüdischen Religionsvorschriften die Bebauung einer Totenstätte ausgeschlossen ist.

Das düsterste Kapitel in der Geschichte dieser jüdischen Begräbnisstätte bedeutete die rücksichtslose Entweihung und Zerstörung der Anlage 1943/44 auf Befehl der Gestapo. 1943 hatte sie durch die Mitte des Friedhofes einen Splittergraben gezogen, ihn mit historischen Grabsteinen abgesteift und die Gebeine der Toten hinausgeworfen. Die Gestapo war 1942 in das Altenheim gezogen und hatte es als Sammellager für Berliner Juden zum Abtransport in die Vernichtungslager von Auschwitz und Theresienstadt mißbraucht. Das Friedhofsgelände wurde vom Wachpersonal als Sportplatz genutzt; außerdem war es für die jüdischen Häftlinge der Ort für bewachte Hofgänge.

Während das 1906 errichtete Schulgebäude Große Hamburger Straße 27 den Zweiten Weltkrieg überstand, wurde das nebenstehende, 1829 gegründete erste Altersheim der Jüdischen Gemeinde von Berlin schon 1943 zerstört. Anstelle dieses Heims, am Eingang zum Friedhof, wurde am 8. November 1987 ein im Auftrag des damaligen Ostberliner Magistrats neugestalteter Gedenkstein enthüllt, zur Erinnerung an die 55 000 von der Hitler-Diktatur verschleppten und ermordeten jüdischen Einwohner Berlins.

Im Mai 1985 war auf dem Vorplatz bereits eine Skulpturengruppe als Mahnmal für die Opfer der faschistischen Barbarei aufgestellt worden; die 13 fast lebensgroßen Frauenfiguren in Bronze, nach Entwürfen des Bildhauers Will Lammert von seinem Sohn Mark Lammert ausgeführt, waren ursprünglich für die Mahn- und Gedenkstätte des ehemaligen KZ Ravensbrück bestimmt.

Vor der jüdischen Schule war 1909 eine von Rudolf Marcuse geschaffene Büste Moses Mendelssohns aufgestellt worden, die die Nationalsozialisten vernichteten. Seit 1983 befindet sich an dem Gebäude ein von dem Bildhauer Gerhard Thieme entworfenes Bronzerelief für den Philosophen und Großvater des Komponisten Felix Mendelssohn Bartholdy. Nach dem Zweiten Weltkrieg erfolgte die Neugestaltung des Friedhofes als parkartiger Gedenkhain, wobei 20 erhalten gebliebene Grabsteine der Barockzeit mit hebräischer Inschrift in die Südmauer eingelassen wurden, darunter auch der für Gumpericht Jechiel Aschkenasi von 1672. Über den historischen Sandsteintafeln befinden sich seit 1948 vier Gedenktafeln, die an den Käufer des Friedhofsgeländes Model Riess, an die erste Beisetzung, an die Verwüstung der Anlage durch das NS-Regime sowie an die Notbestattungen Ende des Zweiten Weltkrieges erinnern. Im Jahre 1945 diente der alte jüdische Begräbnisplatz als Notfriedhof für viele, zum größten Teil wohl nichtjüdische Kriegsopfer. In 16 Massengräbern wurden etwa 1150 Tote beigesetzt — so eine Auskunft des Gartenamtes von Berlin-Mitte aus dem Jahre 1967. Die dort Bestatteten waren vor allem Zivilisten und gefallene deutsche Soldaten, zum geringeren Teil Ausländer unbekannter Nationalität, zumeist vermutlich Zwangsarbeiter und Kriegsgefangene.

Am 23. Mai 1990 erfolgte die Steinweihe eines neugestalteten Grabmals für Moses Mendelssohn durch Nachfahren der Familie. Diese vierte Stele für den Philosophen entspricht in ihrer äußeren Gestaltung in etwa dem ursprünglichen Stein, den Wilhelm Chodowiecki 1787 auf einem Kupferstich dargestellt hatte — mit dem Unterschied, daß genannter eine hebräische Inschrift besaß, der neue jedoch eine deutsche. Das erste, relativ schlichte

Denkmal wurde Ende des 19. Jahrhunderts durch ein größeres, schwarzes spätklassizistisches Granitmal mit zweisprachiger Goldinschrift und Gitterumfriedung ersetzt. Anstelle dieser 1943 zerstörten Anlage stellte man 1962 einen neuen, völlig schmucklosen Stein an der Stelle auf, an der man das Grab Moses Mendelssohns vermuten konnte. Nach der Zerschlagung der Hitler-Diktatur befanden sich auf dem Friedhof noch zahlreiche Steine von abgeräumten Gräbern, aufgestapelt an einer der Außenmauern. Ein Teil von ihnen soll von einem Steinmetzmeister abtransportiert und weiterverwendet worden sein. Die Ostberliner Jüdische Gemeinde vermutete aber auch, daß noch eine Reihe von Grabstelen im Hofbereich der heutigen Berufsschule für Industriekaufleute vergraben liegt — man hatte sie im Zweiten Weltkrieg zum Bau eines Erdbunkers für die als Militärlazarett genutzte ehemalige Jüdische Knabenschule verwendet.

Der Zustand dieses bedeutenden Berliner Friedhofes wird sich vorteilhaft verändern, wenn eine Neugestaltung der Anlage erfolgt und die erhaltenen Grabmäler nach Restaurierung wiederaufgestellt bzw. durch Kopien ersetzt werden.

Ehemaliger Jüdischer Friedhof
Große Hamburger Straße
O-1020 Berlin

Ⓢ Bahnhof Marx-Engels-Platz
   (ab 1. 6. Hackescher Markt)
▪ Linien 20, 24, 58, 63 und 70
   bis Haltestelle Hackescher Markt

Jüdischer Friedhof Schönhauser Allee

Zur Geschichte

Bereits 1799 hatten die Mitglieder der Versammlung der Spandauer Vorstadtgemeinde die Schließung des Jüdischen Friedhofes an der Großen Hamburger Straße verlangt. Erst 18 Jahre später jedoch wurde die Berliner Jüdische Gemeinde von der preußischen Regierung aufgefordert, sich einen neuen Begräbnisplatz außerhalb der Stadt zu suchen. Nach einer mahnenden »dringlichen Verfügung« 1824 kaufte die Jüdische Gemeinde noch im selben Jahr für 5800 Taler von dem Ackergutsbesitzer Wilhelm Büttner ein fast fünf Hektar großes, fünfeckiges Grundstück vor dem Schönhauser Tor.

Nach Plänen des Berliner Stadtbaurates Friedrich Wilhelm Langerhans wurde bis zur Eröffnung am 29. Juni 1827 der neue Jüdische Friedhof an der Pankower Chaussee — seit 1841 Schönhauser Allee — angelegt, die mit ihrer ursprünglichen, 1988/89 restaurierten Backsteinmauer bis heute die westliche Begrenzung bildet. Ansonsten wird der Begräbnisplatz umschlossen von Mietshäusern des 19. Jahrhunderts der nördlich gelegenen Wörther Straße, des Kollwitzplatzes (bis 1947 Wörther Platz) im Nordosten und der Kollwitzstraße (bis 1947 Weißenburger Str.) im Südosten. An der Südwestecke steht das Backsteingebäude der früheren Altersversorgungsanstalt der Jüdischen Gemeinde (heute Polizeidirektion, Abschnitt Prenzlauer Berg).

Links vom Haupteingang an der Schönhauser Allee 23-25 befanden sich die Feierhalle, ein um 1895 vom Gemeindebaumeister Johann Hoeniger entworfener neoromanischer Backsteinbau, mit Sandsteingliederung, sowie die Leichenhalle, Neben-

Gedenkstein am Friedhofseingang

gebäude für Verwaltungs- und Wohnzwecke, Blumenverkauf und eine Gärtnerei mit Treibhäusern — sie traten an die Stelle der bescheideneren klassizistischen Bauten von Langerhans. Vom früheren Hauptportal sind heute nur noch der rechte rundbogige Seiteneingang aus rotem Backstein sowie das Doppelgitter der Mitteleinfahrt erhalten. Anstelle der im Zweiten Weltkrieg zerstörten Feierhalle steht jetzt ein Gedenkstein, 1961 nach einem Entwurf von Ferdinand Friedrich aus Sandsteinquadern errichtet. Die Inschrift mit Buchstaben aus geschmiedetem Stahl lautet: »*Hier stehst Du schweigend, doch wenn Du Dich wendest, schweige nicht.*« Eine Gedenktafel an der Friedhofsmauer erinnert an die Verwüstung dieser Begräbnisstätte durch antisemitische Pogrome sowie durch Kriegsauswirkungen: »*Der Nachwelt soll er als Mahnung erhalten bleiben*«, heißt es auf dieser Tafel.

33

Plan des Jüdischen Friedhofes Schönhauser Allee

1. Levin Goldschmidt
2. Hermann Senator
3. Sara und Moritz Reichenheim
4. Eduard Lasker und Ludwig Bamberger
5. Ludwig Geiger
6. Leopold Zunz
7. James Israel
8. Abraham Geiger
9. Samuel Holdheim
10. Giacomo Meyerbeer
11. Samuel Kristeller
12. Jacob Moses Burg
13. Joseph Mendelssohn
14. Nathanael Pringsheim
15. Max Liebermann
16. Leopold Ullstein
17. Wilhelm Slarek
18. Bertha und Moritz Manheimer
19. Gerson von Bleichröder
20. Gedenktafel für 1944 ermordete Kriegsgegner
21. Gefallene der Revolution von 1848
22. Familie Seligsohn
23. Moritz Veit
24. Emma und Baruch Auerbach
25. Michael Sachs
26. Hermann Makower
27. Meno Burg
28. Sophie Loewe
29. Familie Grünwald
30. James Simon
31. Familie Ginsberg
32. Louis Sussmann-Hellborn
33. Zweiter Eingang
34. Familie Hirschfeld
35. Familie Herz-Katz-Grau
36. Joachim Liebermann
37. Adolf Ritter Liebermann von Wahlendorf
38. Simon Joel Arnheim
39. Richard Moritz Meyer
40. Familie Salomon
41. Familie Lion-Deutsch
42. Familie Oppenheim
43. Paul Model
44. Familie Meyer-Magnus
45. Louis und Ludwig Traube
46. Robert und Ernst Remak
47. Martin Zachart
48. Benjamin Liebermann
49. Familie Lehmann
50. Max Ring
51. Wolfgang Straßmann
52. Josephine Levy-Rathenau
53. Familie Goldberger
54. Familie Borchardt-Magnus
55. Hermann Gerson
56. Valentin Manheimer
57. Gerson Salinger
58. Julius Leopold Schwabach
59. Julius Lessing
60. Familie Kappel
61. Julius Beer
62. Hugo Lubliner
63. Bernhard Wolff
64. Isidor Loewe

34

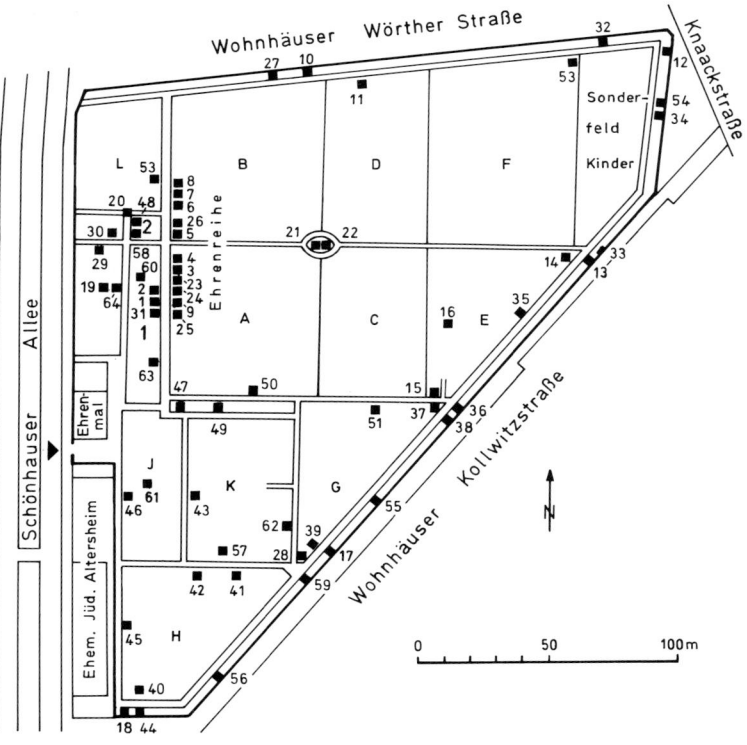

35

Die Beseitigung der schwersten Schäden sowie die Erhaltung der Grabstätten bedeutender Persönlichkeiten der Berliner Jüdischen Gemeinde des 19. und beginnenden 20. Jahrhunderts aus Politik, Wirtschaft, Wissenschaft und Kultur war und ist für die Friedhofsverwaltung eine aufwendige und mühevolle Aufgabe, die bereits zu DDR-Zeiten staatlicherseits unterstützt wurde. Nach einem Beschluß der damaligen Regierung war der Friedhof an der Schönhauser Allee als ein Denkmal der Kulturgeschichte in die Zentrale Denkmalliste der DDR aufgenommen worden. Finanzielle Zuwendungen kamen u. a. aus dem Denkmalpflegefonds des Ostberliner Magistrats; mit diesen Mitteln haben Steinmetze der damaligen PGH Natur und Kunst ab 1985 zahlreiche Grabmäler wiederaufgerichtet und restauriert. In jährlichen Arbeitseinsätzen haben Angehörige nichtjüdischer Gemeinden und Studenten im Rahmen der »Aktion Sühnezeichen« seit 1977 Grabquartiere freigelegt und beräumt — Voraussetzungen für die notwendige schrittweise Wiederherstellung dieses Friedhofes. In die Verordnung über die Gründung der Stiftung »Neue Synagoge Berlin — Centrum Judaicum« von 1988 wurde der Friedhof nicht mit einbezogen. Das »Nachrichtenblatt des Verbandes der Jüdischen Gemeinden in der DDR« begründete das folgendermaßen: *»Notwendige denkmalpflegerische Arbeiten auf dem Friedhof in der Schönhauser Allee werden auf der Grundlage anderer vertraglicher Verbindlichkeiten reguliert, weshalb dieser Bereich nicht im Gründungsbeschluß besonders genannt wurde. Als ein Denkmal der Kulturgeschichte ist der Friedhof erfaßt und erhält so entsprechende denkmalpflegerische Zuwendungen.«* (Heft Dezember 1988, S. 25).

Grabstätten bedeutender Persönlichkeiten

Da für den Jüdischen Friedhof an der Schönhauser Allee kein Bestattungsregister existiert, ist das Auffinden einzelner Grab-

Grabstelen des frühen 19. Jahrhunderts

stellen schwierig und teilweise sogar unmöglich — bedingt auch durch die fortschreitende Verwitterung der Steine und Zerstörungen aus der Zeit von 1933 bis 1945. Nachdem 1986 eine große Zahl der Bestattungspapiere ab etwa 1874 entdeckt wurden, beabsichtigt die Gemeinde, für diesen historisch wichtigen Bestattungsort ein Inventar der Grabstätten zu erarbeiten. Der Friedhof war am 29. Juni 1827 durch den Rabbinatsverwalter JACOB JOSEF OETTINGER (1780-1860) eingeweiht worden, der hier auch beerdigt wurde. Bis zum Jahre 1880 legte man an der Schönhauser Allee 22 500 Einzelgräber und 750 Erbbegräbnisse an. Obwohl von diesem Jahr an der neueröffnete Friedhof in Weißensee zur Hauptbegräbnisstätte der Jüdischen Gemeinde wurde, errichtete man in der Schönhauser Allee noch bis um 1930 Erbbegräbnisse und nahm bis etwa 1942 Beerdigungen vor.

Auf dem dicht belegten Friedhof haben unter hohen alten Laubbäumen — Ahorn, Linden, Kastanien und Robinien — oft mehrere Generationen einer Familie ihre letzte Ruhestätte gefunden; teilweise wurden die Verstorbenen sogar wegen des beschränkten Raumes übereinander bestattet. Zu den Besonderheiten des Friedhofes gehört es, daß fast sämtliche älteren Grabmäler auf der nach Westen gerichteten Seite die Inschrift in Hebräisch, auf der nach Osten gewandten in deutscher Sprache tragen. Die ursprünglichen Grabeinfassungen aus Buntmetall — Gitter, Pforten und Ketten —, die den Gesamteindruck

Erbbegräbnis Giacomo Meyerbeer

druck der äußerst dichten Belegung wesentlich mit prägten, sowie zahlreiche Schrifttafeln sind in der Zeit des Nationalsozialismus abgeschweißt und für Rüstungszwecke eingeschmolzen worden. Noch kurz vor Kriegsende wurden Anfang 1945 zahlreiche Grabsteine für den sinnlosen Bau einer Panzersperre in der Schönhauser Allee abgeräumt, außerdem zwischen den Gräbern Schützengräben ausgehoben. Einige Stelen wurden durch Bomben und Granatsplitter beschädigt, andere sind im Laufe der letzten Jahrzehnte umgestürzt oder in sich zusammengebrochen.

Die bekanntesten Namen, auf die man trifft, sind zweifellos die des Komponisten GIACOMO MEYERBEER (1791-1864) und des Malers MAX LIEBERMANN (1847-1935). Meyerbeer, gebürtiger Berliner, 1832 zum Hofkapellmeister an der Oper ernannt, starb in Paris. Gemäß seinem letzten Willen überführte man ihn nach

Erbbegräbnis der Familie Liebermann

Berlin. Er wurde hier in dem um 1850 angelegten spätklassizistischen Erbbegräbnis der Familie BEER — sein Geburtsname war Jakob Liebmann Meyer Beer — an der Nordmauer beigesetzt. Sein 200. Geburtstag war Anlaß für eine grundlegende Restaurierung der Grabstätte. Dabei wurde auch die Bekrönung des Putzmauerwerkes der Rückwand und der niedrigeren Seitenflügel mit vier antikisierenden Marmorurnen wiederhergestellt. Die Frontseite schloß ursprünglich ein reichgegliedertes schmiedeeisernes Gitter ab, das heute fehlt.

Die winkelförmige Sandsteingrabarchitektur für die Familie Liebermann, etwa vor der Mitte der südöstlichen Friedhofsmauer, hat der Baumeister Hans Grisebach nach 1892 in einer Mischung von Neorenaissance- und Neobarockformen errichtet. Unter einer schwarzen Granitplatte ruht hier MAX LIEBERMANN; neben ihm seine Witwe, die 1943 durch Freitod aus dem

Grabmal für den Mediziner Wolfgang Straßmann

Leben schied, um der Einlieferung in das Vernichtungslager Theresienstadt zu entgehen.

Den Grabplatten der beiden liberalen Politiker und Parlamentarier EDUARD LASKER (1829–1884) und LUDWIG BAMBERGER (1823–1899) in der wiederhergestellten sogenannten Ehrenreihe im Nordostteil des Friedhofes fehlen die ursprünglichen Inschriftbuchstaben aus Bronze. Das in der Nähe befindliche hohe, urnenbekrönte Marmormonument erinnert an GERSON VON BLEICHRÖDER (1822–1893), Bankier und Finanzberater Bismarcks, als erster ungetaufter Jude in Preußen 1872 in den erblichen Adelsstand erhoben. Verdienste um die Kommunalentwicklung Berlins erwarb sich der Arzt und langjährige Vorsteher der Stadtverordnetenversammlung WOLFGANG STRASSMANN (1821–1885), dem ein ziemlich unscheinbares Säulen-Granitdenkmal errichtet wurde. Während auch dem Gründer des Konfektionshau-

Marmormonument für
Gerson von Bleichröder

ses Israel, NATHAN ISRAEL (1782–1852), nur eine einfache, jetzt umgestürzte Stele gesetzt wurde, stehen an der Südmauer repräsentative offene Sandsteintempel für HERMANN GERSON (1813–1861) und VALENTIN MANHEIMER (1815–1889), die ersten Inhaber der gleichnamigen Modehäuser am Werderschen Markt bzw. in der Oberwallstraße. Umgestürzt und beschädigt ist der Granitobelisk auf dreieckigem Postament für LUDWIG LOEWE

Grabmal für Leopold Ullstein

(1837–1886), der 1869 eine bedeutende Werkzeugmaschinen- und Waffenfabrik gründete. SIMON JOEL ARNHEIM (1804–1875) war ein namhafter Kunstschlosser und eröffnete 1833 in der Leipziger Straße die erste und lange Zeit größte europäische Geldschrankfabrik. Erinnert an Arnheim ein relativ unauffälliges Wandgrab, so an den Bankier und Großkaufmann JAMES SIMON (1851–1932), der sich als Kunstmäzen und Förderer verschiedener kommunaler und jüdischer Vereine verdient machte, ein schmuckloser schwarzer Granitstein. Ein schwarzer Obelisk trägt den Namen des Kunsthistorikers JULIUS LESSING (1843–1908), von 1872 bis zu seinem Tode Direktor des 1867 gegründeten Berliner Kunstgewerbemuseums.

Zu den an der Schönhauser Allee beerdigten verdienstvollen Medizinern gehören der Pathologe LOUIS TRAUBE (1818–1876), der Gynäkologe SAMUEL KRISTELLER (1820–1900), der Chirurg JAMES ISRAEL (1848–1926), der Nephrologe HERMANN SENATOR (1834–1911), die Neurologen ROBERT REMAK (1815–1865) und ERNST REMAK (1849–1911), der Tuberkuloseforscher LOUIS WALDENBURG (1837–1881). JULIUS BEER (1822–1874), Arzt und Mitbegründer des Vereins für die Geschichte Berlins, erinnerte an den nordöstlich des Alexanderplatzes vermuteten mittelalterlichen jüdischen Friedhof (Vgl. Seite 16 f.).

Eine freistehende spätklassizistische Sandsteinanlage wurde für den Botaniker NATHANAEL PRINGSHEIM (1823–1894) errichtet; in seiner Nähe ruht an der Südostmauer der Naturforscher WILHELM SKLAREK (1836–1915). Für das Berliner Literaturleben von Bedeutung waren die Schriftsteller MAX RING (1817–1901) und HUGO LUBLINER (1846–1911) sowie die Literaturhistoriker LUDWIG GEIGER (1848–1919) und RICHARD MORITZ MEYER (1860–1914). Ein schmuckloser rötlicher Granitobelisk mit Goldschrift erinnert an den Begründer des Ullstein-Buch- und Zeitungsverlags LEOPOLD ULLSTEIN (1826–1899).

Grabmäler der Ehrenreihe

Dem Zeitungsverleger BERNHARD WOLFF (1811–1879), der 1849 »Wolffs Telegraphisches Bureau« als halbamtliche Nachrichtenagentur gründete, wurde eine schwarze Granitstele gesetzt. Für die Frauenemanzipation engagierten sich besonders die Sozialpolitikerin JOSEPHINE LEVY-RATHENAU (1877–1912) und die Schriftstellerin JENNY HIRSCH (1829–1902).

Am östlichen Ende der Erbbegräbnisreihe an der Nordmauer findet man die 1985 wiederaufgerichtete Stele für den Bildhauer LOUIS SUSSMANN-HELLBORN (1823–1908), von 1881–1887 künstlerischer Direktor der Berliner Porzellanmanufaktur. DAVID FRIEDLÄNDER (1750–1834) gründete die Berliner Jüdische Freischule, BARUCH AUERBACH (1793–1864) war seit 1829 Direktor von Gemeindeschule, Seminar und Erziehungsanstalt für jüdische Waisenkinder, die sich zunächst in der Rosenstraße, später in der Schönhauser Allee gegenüber dem Friedhof befand. MORITZ REICHENHEIM (1815–1872), der in der Ehrenreihe begraben ist, stiftete das erste jüdische Waisenhaus in Berlin, MORITZ

Erbbegräbnis der Familie Lehwess-Manheimer

(1826-1916) und BERTHA MANHEIMER (1837-1918) die Altersversorgungsanstalt der Jüdischen Gemeinde. In unmittelbarer
Nachbarschaft dieser 1883-1887 erbauten Einrichtung an der
Schönhauser Allee 22 befindet sich auch das nach 1861 mit un-
gewöhnlich reichem ornamentalen Terrakottaschmuck im Neorenaissancestil geschaffene große Wandgrabmal der Familie
LEHWESS-MANHEIMER. Neben den Grabstätten mehrerer Rabbiner — unter ihnen MICHAEL SACHS (1808-1864) und SAMUEL
HOLDHEIM (1806-1860) — findet man auch die bedeutender jüdischer Gelehrter, so in der Ehrenreihe die von LEOPOLD ZUNZ
(1794-1866), der als Mitbegründer der Wissenschaft des Juden-
tums gilt. Zu erinnern ist auch an Persönlichkeiten wie JOSEPH
MENDELSSOHN (1770-1848), ältester Sohn von Moses Mendelssohn und Mitbegründer des Bankhauses Mendelssohn, LEVIN
GOLDSCHMIDT (1829-1897), Jurist und Universitätsprofessor,
oder HERMANN MAKOWER (1836-1899), Jurist und Waisenhaus-
gründer.

45

Die Grabstätten auf diesem Friedhof zeugen von bedeuten-
den demokratischen Traditionen und Verdiensten ebenso wie
von Revolution, Krieg und Verfolgung. Zwei Opfern der März-
revolution von 1848, ALEXANDER GOLDMANN und SIMON
BARTHOLD, wurde eine eichenlaubgeschmückte Sandsteinstele
gesetzt. Der Verlagsbuchhändler MORITZ VEIT (1808–1864) war
Mitglied der Frankfurter Nationalversammlung und Berliner
Stadtverordneter, der Major MENO BURG (1789–1853) als erster
Jude in Preußen Offizier und Lehrer an der Artillerieschule.
Auch Gefallene des deutsch-französischen Krieges von 1870/71
sowie des Ersten Weltkrieges sind hier beerdigt worden.

Im Nordwestteil des Friedhofes findet man am Gitter eines
Schachtes eine Gedenktafel mit folgender Inschrift: »*Den Tod
anderer nicht zu wollen, das war ihr Tod. Hier verbargen sich Ende
des Jahres 1944 Kriegsgegner. Sie wurden von der SS entdeckt und an
den Bäumen erhängt und hier verscharrt.*«

Stele für Revolutionsopfer von 1848   Gedenktafel für Kriegsgegner von 1944

Scheinsarkophage aus Marmor für das Ehepaar Lehmann

Zur Grabmalskunst

Obwohl im Gesamtbild einfache Stelen, Pultsteine und Säulengrabmäler aus Sandstein, Marmor und Granit überwiegen, ist das Spektrum der Sepulkralkunst auf dem Jüdischen Friedhof an der Schönhauser Allee vielfältig. Es reicht von klassizistischen Wandarchitekturen über aufwendige, zumeist neobarocke Grabanlagen der Gründerzeit bis zu einigen vom Bauhaus und der Neuen Sachlichkeit der 20er Jahre unseres Jahrhunderts bestimmten Denkmälern.

Die ältesten, sehr zurückhaltend wirkenden Wand-Erbbegräbnisse — etwa für DANIEL ISRAEL WULFF von 1828 — sind an der Nordgrenze des Friedhofes zu finden. An den kürzeren Mauern im Nordosten und Süden sowie an der langen Südostbegrenzung erheben sich ab etwa 1850 angelegte Familienruhestätten in spätklassizistischen und orientalisierenden Formen, zumeist in Marmor, Sandstein, rotem und gelbem Backstein-

47

mauerwerk oder Eisenguß errichtet. Wegen der Vergabe von
Aufträgen an namhafte Berliner Architekten und Bildhauer
durch wohlhabende Familien sind darunter auch zahlreiche
Werke von hoher künstlerischer Qualität. Das nach einem Entwurf Johann Heinrich Stracks um 1862 errichtete spätklassizistische Sandsteingrabmal mit Säulen und Pilastern an der Süd-
ostseite für die Familie ISRAEL HIRSCHFELD (1801-1866) ist

noch relativ gut erhalten.
Unmittelbare Verwandtschaft
lassen zwei weitere Erbbegräbnisse an der Südostmauer
erkennen: der offene Sandsteintempel GERSON (um 1857)
und die ursprünglich akro-
terienbekrönten Sandsteinste-
len der Familie BORCHARDT-
MAGNUS vor einer antikisierenden Putzwandgliederung
(um 1857). Unter dem stilbil-
denden Einfluß von J.H.
Strack entstanden um 1870

Von J. H. Strack entworfenes
Erbbegräbnis Hirschfeld

auch die freistehende Säulenarchitektur aus Marmor für
die Familie GOLDBERGER und

der hohe, offene Sandsteingrabtempel der Familie MEYER-
MAGNUS. Von den drei stark beschädigten Eisengußwandgrab-
mälern geht das für die Familie JOACHIM LIEBERMANN 1853 auf
den Architekten Gustav Stier zurück, der elf Jahre zuvor das
Grabgitter für seinen Lehrer Karl Friedrich Schinkel geschaffen
hatte. Die in der Berliner Eisengießerei entstandene Lieber-
mannsche Anlage zeigt in der Mittelnische mit Rundbogen und
großem durchbrochenen Davidstern reiche maurische Orna-

48

Grabanlagen Lion-Deutsch und Oppenheim (im Hintergrund)

Grabmal für Sophie Loewe

mentik. Stilistische Verwandtschaft erkennt man beispielsweise bei der freistehenden steinernen Grabarchitektur für die Familie LION-DEUTSCH, um 1877 — laut Signatur — von August Wilhelm Cordes entworfen und durch die Werkstatt Matthias Leonhard Schleicher ausgeführt. Eine Ausnahme nimmt die als Gedenkpyramide gestaltete Ruhestätte für SOPHIE LOEWE (1847-1876), Ehefrau des Fabrikanten Ludwig Loewe, ein —

nicht nur wegen der Form, die an das Wandgrab der Erzherzogin Maria Christina von Antonio Canova aus dem Jahre 1805 in der Wiener Augustinerkirche erinnert, sondern auch wegen des Porträtreliefs in Marmor. Denn nach den jüdischen Religionsvorschriften waren Bildnisdarstellungen auf Friedhöfen unzulässig.

An der Schönhauser Allee gibt es noch ein zweites derartiges Beispiel — dem 1895 beim Bergsteigen verunglückten Jurastudenten PAUL MODEL ließ der Vater ein Grabmal aus Carraramarmor errichten, dessen Porträtrelief bereits Jugendstilanklänge zeigt.

Porträtgrabmal für Paul Model

Nicht mehr feststellbar war bislang, welche Grabmäler im einzelnen auf die Baumeister Eduard und Gustav Knoblauch, Philipp W. von der Hude und Julius Hennicke zurückgehen, während für den Grabmalsentwurf der Familie des Malers MAX LIEBERMANN der Architekt Hans Grisebach verantwortlich war. In der zweiten Hälfte des 19. Jahrhunderts zielten die neuangelegten Erbbegräbnisse wohlhabender Familien immer eindeutiger auf Repräsentation und bourgeoise Selbstdarstellung. Zu diesem Zweck wurden traditionelle Denkmalsformen wie Sarkophag, Urne, Tempel und Stele oft prunkvoll übersteigert.

Ein relativ zurückhaltendes Beispiel ist das Urnengrabmal BLEICHRÖDERS, das seine eigene Geschichte hat: »*Bleichröder beauftragte den schon damals hoch geschätzten Bildhauer und Hauptmeister des Berliner Neubarocks, Reinhold Begas, dem er auch persönlich in Freundschaft verbunden war, mit dem Entwurf eines Familienmausoleums. Begas schätzte die Kosten auf 75000 Mark, was offenbar selbst einem Gerson von Bleichröder zu hoch war. Jedenfalls fiel das wirkliche Grabmal bedeutend schlichter aus, und von dem Begasschen Vorschlag blieb am Ende nur der Carrara-Marmor übrig. Möglicherweise hat auch nicht Reinhold Begas, sondern sein jüngerer Bruder Karl die Ausführung übernommen. Auf abgestuftem Sockel, den das umkränzte Adelswappen ziert, steht ein hohes quadratisches*

Postament, dessen Eckpilaster die oben abschließenden vier Segmentbögen tragen. Das Ganze bekrönt eine üppig mit Girlanden und Rosen drapierte Henkelvase, die einer Amphora ähnelt. Die Inschrift preist das Ehepaar in bilderreichen, an die Poesie der Psalmen erinnernden Vergleichen...« (Die jüdischen Friedhöfe in Berlin. Berlin 1991).

Wesentlich aufwendiger gestaltet ist das neobarocke, etwas überdimensionale Urnengrabmal für JULIUS LEOPOLD

Urnenmonument J. L. Schwabach

SCHWABACH (UM 1898). Die für

jüdische Friedhöfe typische Form der Sarkophaggrabmäler
wurde Ende des 19. Jahrhunderts wiederbelebt. Überreich de-
korierte Beispiele in Marmor sind die Anlagen für die Familien
ADOLPH GINSBERG (um 1898) und ADOLF RITTER LIEBERMANN
VON WAHLENDORF (um 1880) — ein sehr ähnliches, mit Sicher-
heit von demselben Künstler entworfenes Grabmonument steht
auf dem Jüdischen Friedhof von Warschau, errichtet für den
1889 verstorbenen Finanzier Wilhelm Landau. In kleineren
Dimensionen gehalten sind die beiden Sarkophag-Doppelgrab-
mäler für die Familien MAKOWER und LEHMANN (um 1900) sowie das Denkmal der Familie DAVID KAPPEL (um 1905). Auch
der Messel-Schüler Max Landsberg knüpft bei seiner Grabanlage für LOUIS OPPENHEIM von 1909 an diese Tradition an, während die von ihm um 1910 für die Familien KATZ-HERZ-GRAU
aufgeführte Muschelkalksteinwand Jugendstil- und orientalische Formen im ornamentalen Schmuck erkennen läßt, ebenso

Grabmal für Adele Fränkel

Sarkophag-Grabmal
Liebermann von Wahlendorf

53

Erbbegräbnis der Familien Katz-Herz-Grau

die Grabstätte für ISIDOR LOEWE (1848-1910). Das von Otto
Stichling um 1900 entworfene 2,30 Meter hohe und 1,30 Meter
breite Sandsteingrabmal der Familie GERSON SALINGER, ausgeführt von der Schöneberger Steinmetzwerkstatt Witschel,
kostete 1000 Mark. Auch hier vermischen sich romanische,
orientalische und Jugendstilemente, ähnlich wie bei den gleichzeitig entstandenen Ruhestätten der Familien BURCHARDT,
DAVID HIRSCHFELD, WEISBACH, GOTTHILF SALOMON oder
BENJAMIN LIEBERMANN (1812-1901), Mitbegründer der Berliner
Reformgemeinde.

Der Bildhauer Hugo Lederer ist auf diesem Friedhof nachweislich mit dem Grabmal VIKTOR HAHN von 1928 vertreten —
aber auch die Säulenarchitektur für MARCUS KAPPEL (um 1920)
läßt die Urheberschaft Lederers vermuten. Zu den Haupt-
arbeiten des Berliner Architekten Otto Firle gehört die von
traditionellen Vorbildern weitgehend gelöste halbkreisförmige

Grabanlage der Familie Seligsohn

Muschelkalksteinanlage mit dem beachtlichen Radius von rund fünf Metern für die Rechtsanwaltfamilie SELIGSOHN von 1920, in deren Mittelpunkt sich ein sarkophagähnlicher Obelisk erhebt.

Zu den wenigen reinen Gittergrabmälern auf den Berliner Friedhöfen zählt die um 1897 als gotische Laube gestaltete und 1990/91 restaurierte Ruhestätte der Familie JULIUS GRÜNWALD. Ungefähr zur gleichen Zeit entstand die durch ihre Rokokoformen auffallende, reiche schmiedeeiserne Einfassung der Grabtafel für die Klempnermeisterfamilie JOSEPH PITSCH. Während abgebrochene Säulen verschiedentlich für Grabmalsgestaltungen verwendet wurden, findet man auf dem Friedhof an der Schönhauser Allee nur ein Denkmal in Form eines Baumstumpfes — das für die 1874 verstorbene ADELE FRÄNKEL geschaffene Sandsteinmal trägt die Signatur »L. Segall Breslau«. Nicht mehr zu ermitteln ist dagegen der Bestimmungszweck eines hochaufgerichteten klassizistischen Sandsteinobelisken mit Kugelbekrönung, dessen Inschrift völlig verwittert ist. Zahlreiche Granitstelen und Säulengrabmäler aus Marmor und Hartgestein sowie einige Marmortafeln entstanden in der Werkstatt des Steinmetzmeisters MARTIN ZACHART (1823–1916), auf dessen Grabmal zu lesen ist *»Seine Werke folgen ihm nach«*.

Verschiedene andere Stelen stammen aus der Werkstatt von S. Hirschburg. Da aus Konkurrenzgründen nach 1880 das Signieren der Steine untersagt wurde, findet man nur wenige Hinweise auf weitere Firmen wie R. Steinthal & Manasse, T. Goldbaum, Kessel & Röhl, M. L. Schleicher oder Witschel.

Die Bau- und Gartendenkmalpflege bei der Berliner Senatsverwaltung für Stadtentwicklung und Umweltschutz will in Zukunft dem Friedhof an der Schönhauser Allee, der etwas im Schatten des größeren und bekannteren in Weißensee steht, besondere Aufmerksamkeit widmen. Denn über die geschichtliche und kunsthistorische Bedeutung hinaus hat dieser innerstädtische Friedhof für Berlin eine nicht zu unterschätzende ökologische Funktion.

Jüdischer Friedhof Schönhauser Allee
Schönhauser Allee 23-25
O-1058 Berlin

U U2 bis Station Senefelderplatz

Jüdischer Friedhof Weißensee

Zur Geschichte

Der 1880 eröffnete Jüdische Friedhof in Weißensee ist nicht nur der ausgedehnteste innerstädtische Begräbnisplatz Berlins, sondern zugleich der größte jüdische Friedhof Europas. Seine einmalige Bedeutung verdankt er aber nicht nur dieser Tatsache und seinem künstlerisch bemerkenswerten Grabmalsbestand, sondern vor allem der engen Verknüpfung mit dem Schicksal der jüdischen Bürger Berlins. Auf dem Weißenseer Friedhof ruhen Männer und Frauen, die sich durch außerordentliche Leistungen in Medizin und anderen Natur- und Geisteswissenschaften, bildender Kunst, Literatur und Publizistik, Technik, Industrie und Handel bleibende Verdiente erworben haben. Auf ihm findet man aber auch die Gräber von Verfolgten, die vor der drohenden Deportation in ein nationalsozialistisches Vernichtungslager in den Freitod gingen, Erinnerungstafeln an jüdische KZ-Opfer und den Gedenkstein für die 1942/43 hingerichteten Mitglieder der Widerstandsgruppe um den jungen jüdischen Kommunisten Herbert Baum.

Der Jüdische Friedhof Weißensee gehört zu den Stätten, die wie wenige andere den untrennbaren Zusammenhang von jüdischer mit Berliner und deutscher Geschichte veranschaulichen.

Die Mitgliederzahl der Jüdischen Gemeinde zu Berlin erhöhte sich bis 1875 auf etwa 65 000. Da ihr bisheriger Friedhof an der Schönhauser Allee belegt war, mußte ein neuer Begräbnisplatz gefunden werden. Die Forderung der jüdischen Religion nach ewigem Ruherecht für die Toten bedeutet — im Unterschied zu den anderen konfessionellen und den kommunalen Friedhöfen — die Unverletzbarkeit von Grabstätten und -steinen. Die Folge war ein entsprechend großer Bedarf an Bestat-

Haupteingang an der Herbert-Baum-Straße; im Hintergrund die Trauerhalle

tungsflächen. Die Jüdische Gemeinde erwarb deshalb in der damaligen Kolonie Neu-Weißensee, von 1880-1905 selbständige Landgemeinde, ein mehr als 40 Hektar großes Areal einschließlich beachtlicher Reserveflächen. Damit trug man auch der zu erwartenden weiteren Entwicklung Rechnung — denn 1905 wohnten dann bereits fast 100 000 Anhänger mosaischen Glaubens in Berlin bzw. seinen unmittelbaren Vororten — das waren mehr als vier Fünftel alle in der Provinz Brandenburg lebenden Juden.

Die Jüdische Gemeinde zu Berlin schrieb im Frühjahr 1878 einen Wettbewerb unter den Mitgliedern des Architektenvereins zu Berlin für die Gestaltung ihres neuen Friedhofes im damaligen Vorort Weißensee aus. Die Gesamtkosten des Projektes sollten 150 000 Mark nicht übersteigen. Die Wettbewerbsteilnehmer hatten neben einem Lageplan Entwürfe für das Leichenhaus, die Feierhalle, das Dienstgebäude, eine massive

Kunstschmiedegitter des Haupteingangs

Einfriedung mit Einfahrtstor und Portierswohnung einzurei-
chen. Das Preisgericht bestand aus vier Mitgliedern der Jüdischen Gemeinde und drei des Architektenvereins, unter ihnen
Friedrich Hitzig, der Erbauer der Berliner Börse. Es prämierte
von den 25 eingereichten Entwürfen drei als »relativ beste«, und
zwar die von Matthias von Holst, Bernhard Kühn und Hugo
Licht. Aus einem zweiten, engeren Wettbewerb unter diesen
drei Architekten ging Licht als Sieger hervor, obwohl auch seine
Pläne die vorgesehene Gesamtbausumme wesentlich überstie-
gen. Außerdem beanstandete die Jury an Lichts Entwurf, das
Ganze sei *»nicht sehr weihevoll und einem rituellen Gefühl entsprechend komponiert, sondern neigt zur Profanarchitektur«;* positiv be-
wertet wurden die günstige Massenverteilung und die einfachen
Formen, die bei Verwendung guten Materials und sorgfältiger
Ausführung ein befriedigendes Resultat versprächen. Durch
einige Änderungen bei der Bauausführung — so wurde die

Vorplatz der Trauerhalle mit Gedenkstein für jüdische NS-Opfer

Trauerhalle höher und damit repräsentativer gestaltet — erhöhten sich die Kosten um weitere 50 000 Mark auf 230 000 Mark.

Hugo Licht, der als Stadtbaurat von Leipzig in den Jahren von 1879 bis 1906 das Gesicht jener Stadt entscheidend mitbestimmte, ließ die Bauten des neuen jüdischen Friedhofes aus gelbem Backstein in Formen der italienischen Frührenaissance mit einigen romanischen und barocken Details, zumeist aus rotem Stein, errichten — eine Verwandtschaft zur 1884 eingeweihten Kapelle auf dem früheren Neuen Johannisfriedhof in Leipzig ist unübersehbar.

Direkt gegenüber dem Haupteingang entstand die repräsentative Feierhallenanlage, ein kreuzförmiger Zentralbau mit flachem Pyramidendach auf achteckigem Tambour und halbkreisförmiger Apsis. Rechts und links schließen sich Seitengebäude für Verwaltungs- und Wohnzwecke sowie für die rituelle Leichenaufbahrung an, die mit der Trauerhalle durch 1901 rückwärtig verglaste Arkadengänge verbunden sind. Die eigentliche Feierhalle konnte wegen erheblicher Bauschäden jahrzehntelang nicht mehr genutzt werden. 1988 begann die Vorbereitung der Wiederherstellung, 1990 wurden erste Sicherungsarbeiten vorgenommen; seit 1991 erfolgt die Baubetreuung durch das Hochbauamt Schöneberg. Die Wiederherstellung der Trauerhalle soll bis 1995 abgeschlossen sein. Bis dahin finden Trauerfeiern in einem Seitenraum statt. Ebenfalls nach den Plänen Hugo Lichts errichtete man die Umfriedungsmauer und den großzügigen dreiteiligen Haupteingang mit reich verzierten neobarocken Eisengittern aus der Kunstschmiedewerkstatt M. Fabian, die Gärtnerei mit sechs Palmen- und zwei Gewächshäusern, einen nach 1920 abgetragenen Wasserturm sowie weitere kleinere Nebengebäude. Die Bauleitung lag in den Händen des Architekten Freitag, die Ausführung erfolgte durch die Werkstatt des Maurermeisters Emil Landé (1833-1891).

Der Hauptzugang des am 9. September 1880 eingeweihten Friedhofes liegt am Ende der von der Berliner Allee in südlicher Richtung abzweigenden Herbert-Baum-Straße (früher Lothringenstraße); ein zweiter, 1924 geschaffener Eingang am Ostende an der Indira-Gandhi-Straße (bis 1985 Lichtenberger Straße). Auf Hugo Licht geht auch die Gestaltung der Gesamt-

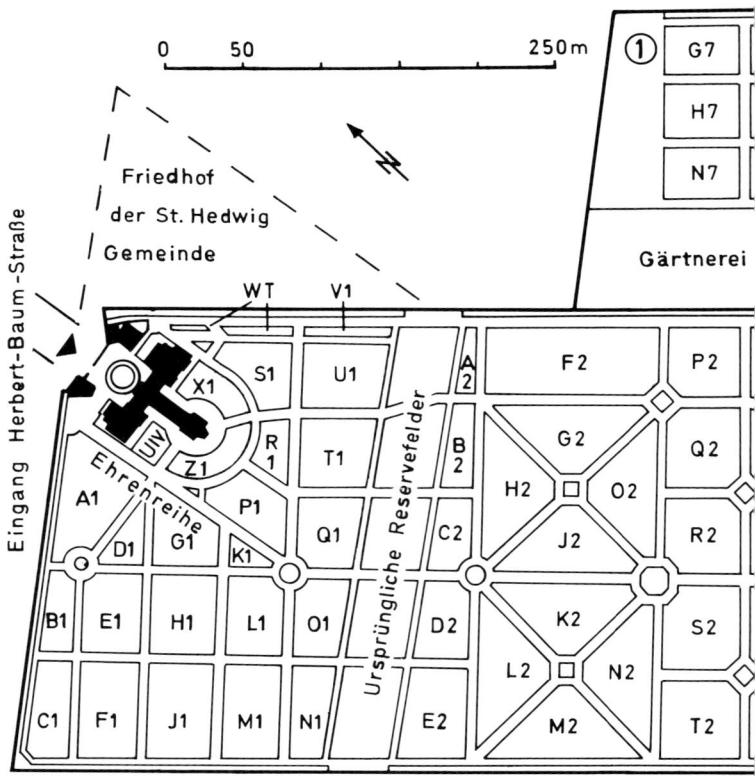

Plan des Jüdischen Friedhofs Weißensee

A1-Z4.   Grabfelder A1-Z4
U1-U IV.   Urnenfelder I—IV

anlage — zunächst bis in eine Tiefe von 600 Metern — zurück. Der Friedhof galt schnell als »musterhaft eingerichtet«, und Ernst Friedel formulierte seine Auffassung als Magistratskommissar für die Städtischen Friedhöfe 1882 folgendermaßen: »*Während die christlichen Gemeinden auf ihren Kirchhöfen wesentliche Neuerungen in der Bestattungsweise nicht eingeführt haben, sind*

1. Urnenfeld für 809 jüdische KZ-Opfer
2. Platz der zerstörten Neuen Trauerhalle
   Grabsteine des ehem. Jüdischen Friedhofs Köpenick
So. Sonderfelder für nichtjüdische Ehepartner

Rondell mit Erbbegräbnis der Familie Köhler

die Einrichtungen des neuen jüdischen Friedhofes in Weißensee in hy-
gienischer Beziehung rühmend hervorzuheben. Die Vorrichtungen
für die Reinigung, Isolierung und Beförderung der Toten sind nach
neuesten Erfahrungen eingerichtet.« Auch in dem Werk »Berlin
und seine Bauten« von 1896 wird der Begräbnisplatz als sehens-
wert bezeichnet, *»weil er nach neueren Grundsätzen angelegt ist und*
an vielen Stellen eine planvolle künstlerische Gestaltung ganzer
Grabreihen aufweist«.

Die strenge geometrische Aufteilung des Geländes hat Licht
aufgelockert durch verschiedenförmige Schmuckplätze, von
denen Haupt- und Nebenwege strahlen- oder fächerförmig
ausgehen, wodurch reizvolle Sichtbeziehungen entstanden.
Diese architektonische Gestaltung trägt entscheidend zu dem
großzügigen und weiträumigen Gesamteindruck des bis zu
einem Kilometer langen und 500 Meter breiten Friedhofsgeländes bei, erschwert allerdings im älteren Teil auch die Orientierung.

Wegegabelung an den Grabfeldern ✧ E2 / L2 / M2

Die oft recht schmalen Wege wurden alleeartig mit Ahornen, Linden, Eichen und Kastanien bepflanzt; aber auch innerhalb der einzelnen Grabfelder findet man fast überall einen dichten Bestand an Bäumen — Linden, Kastanien, Platanen u. a. — und Sträuchern. Das undurchdringliche Unterholz, durch das der Friedhof einen gewissen romantisch-melancholischen Reiz erhält, wird seit Anfang der 80er Jahre systematisch gelichtet. Dabei wird die Friedhofsverwaltung auch durch jährliche Arbeitseinsätze von Angehörigen nichtjüdischer Gemeinden und von Studenten im Rahmen der »Aktion Sühnezeichen« unterstützt.

Nach der Errichtung einer zweiten Trauerhalle, einem kuppelüberwölbten achteckigen Zentralbau mit zwei Nebengebäuden, im Jahre 1910 — nach deren Zerstörung 1944 durch Bomben kennzeichnet heute nur noch eine Erdaufschüttung diesen Platz — wurden nach und nach auf dem ausgedehnten südöstlichen Territorium durchgehend rechteckige Grababteilungen angelegt. Unmittelbar hinter der neuen Feierhalle entstand 1926 die erste Urnenanlage des Jüdischen Friedhofes, der später noch drei weitere folgten.

Die Jüdische Gemeinde Berlins, die größte in Deutschland, hatte Mitte der 20er Jahre rund 170 000 Mitglieder. Diese zahlenmäßige Stärke der Gemeinde hatte Auswirkungen: Immer mehr Reserveflächen des Weißenseer Friedhofes mußten in Anspruch genommen werden. Für die Pflege der ausgedehnten gärtnerischen Anlagen und der 72 000 Grabstätten sorgten damals nicht weniger als 201 Arbeitskräfte — so das »Jüdische Jahrbuch für Großberlin auf das Jahr 1926«. Zur leistungsfähigen Friedhofsgärtnerei gehörten fünf große Gewächshäuser. Für die nach strengen rituellen Vorschriften ablaufenden Bestattungen standen 67 Beamte und Angestellte — Gruftmacher, Sargträger und Taharafrauen für die Leichenwaschungen — zur Verfügung, die unter Aufsicht einer 18köpfigen Friedhofskommission arbeiteten. Nur 15 Jahre später wurden auch die meisten

Spätklassizistische Grabstelen

Mitarbeiter der Friedhofsverwaltung Opfer des organisierten faschistischen Massenmords.

Nach 1933 wurden Zehntausende Gemeindemitglieder zur Emigration gezwungen — Zwangsgesetze schalteten bereits im Frühjahr 1933 Juden aus allen wichtigen Positionen im öffentlichen Leben aus. Vor allem der ab 1938 einsetzenden systematischen lebensbedrohenden Verfolgung versuchten die jüdischen Bürger zu entkommen — Zehntausende entgingen jedoch diesen Vernichtungsaktionen nicht und wurden in Konzentrationslagern auf grausamste Weise umgebracht. Als Folge war die Zahl der in Berlin lebenden Juden bis zum Beginn des Zweiten Weltkrieges auf etwa 80 000 zurückgegangen.

Über das Schicksal des Friedhofes während des Zweiten Weltkrieges berichtet Martin Riesenburger: »*Ich möchte nicht unerwähnt lassen, daß jeder Jude, der bis zur Stunde der Befreiung im Jahre 1945 starb, genau nach Vorschrift unserer jüdischen Religion beerdigt wurde. Die ungeheure und oft seelisch schwer belastende Tätigkeit der wenigen auf dem hiesigen Friedhof wirkenden jüdischen Menschen darf nie vergessen werden. Alle Hände und alle Gedanken waren zusammengeschweißt von der Erfüllung des großen Wunsches, gemeinsam das Ende jener Tyrannenherrschaft zu erleben, um dann ein heiliges Erbgut den wenigen heimkehrenden Brüdern und Schwestern unversehrt zu übergeben. Jene grausamen Bombennächte, besonders in den Jahren 1944 und bis zur Befreiung, hatten auch auf unserem Friedhof schwere Schäden angerichtet. Etwa fünfzig Bomben vernichteten nahezu viertausend Gräber, große Erbbegräbnisse wurden total zerstört und weit durch die Luft geschleudert... Die gewaltige Kartei aller seit 1880 hier Bestatteten, sie umfaßt über 113 700 Karten, aller Gräbertafeln und das gesamte dazugehörige Inventar konnten durch die eiserne Pflichterfüllung der hier noch Beschäftigten hinübergerettet werden.*« (Martin Riesenburger, Das Licht verlösche nicht. Berlin 1960).

Das von der Gestapo als Sammellager eingerichtete ehemalige Jüdische Altersheim in der Großen Hamburger Straße wurde 1942 für mehr als 50000 noch in Berlin lebende jüdische Bürger vom Säugling bis zum Greis zur letzten Station vor dem Abtransport in die Todeslager von Auschwitz und Theresienstadt. 1943 mußte die nur dem Namen nach noch existierende Jüdische Gemeinde zu Berlin zwangsweise aufgelöst werden. Die Befreiung vom Hitlerfaschismus erlebten in Berlin lediglich 8000 jüdische Bürger — der größte Teil von ihnen hatte in sogenannten Mischehen überlebt, ein kleiner Teil im Untergrund, eine andere Gruppe überstand das KZ Theresienstadt. 35000 Berliner Juden waren in Vernichtungslagern umgebracht worden, 15000 wurden mit sogenannten Alterstransporten verschleppt und ermordet. *»Die Gesamtzahl der jüdischen Opfer aus Berlin übersteigt die Zahl der seit Oktober 1941 direkt aus Berlin abtransportierten um Tausende, die schon vorher in Lagern, Kranken-*

Grabsteine für jüdische KZ-Opfer

anstalten oder durch Selbstmord umkamen. Es wurden auch zahl-
reiche Berliner nach 1941 in ihren Emigrationsländern eingeholt und
nach deren Besetzung umgebracht.« (Robert M. W. Kempner)

Die schwersten Kriegsschäden und -verwüstungen in Weißensee wurden nach und nach beseitigt, ohne daß allerdings
grundsätzliche Instandsetzungen erfolgen konnten — trotz par-
tieller Unterstützung durch die Stadtverwaltung. So wurde der
zunächst durch den Ost-Berliner Magistrat in die Bezirksdenk-
malliste als »Denkmal der Kulturgeschichte« aufgenommene
Friedhof Anfang der 80er Jahre durch die damalige DDR-Re-
gierung zum »Nationalen Kulturdenkmal« erklärt. Im Auftrag
des Stadtgartenamtes gab es daraufhin einige Erneuerungsmaß-
nahmen, darunter die Errichtung der neuen Friedhofsmauer.
Die relativ kleine Zahl von 14 Friedhofsangestellten bzw. Arbei-
tern hatte zu DDR-Zeiten für die Erhaltung der Grabstätten
von etwa 115 000 Verstorbenen zu sorgen, für die es lediglich

Grabtafeln der Eltern Kurt Tucholskys

rund 1500 Pflegeaufträge gab. Die Jüdische Gemeinde in Ost-Berlin hatte nur ca. 200 Mitglieder. Die außerordentliche Bedeutung des Jüdischen Friedhofs Weißensee und die Notwendigkeit grundlegender Wiederherstellungsarbeiten fanden auch darin einen Ausdruck, daß er in die 1988 begründete Stiftung »Neue Synagoge Berlin — Centrum Judaicum« einbezogen wurden. Die Stiftung soll u. a. »*der Pflege und Erhaltung des größten jüdischen Friedhofes in Europa*« dienen.

Gedenksteine und Grabstätten
bedeutender Persönlichkeiten

Die Jüdische Gemeinde zu Ost-Berlin ließ auf dem Weißenseer Friedhof für die nahezu sechs Millionen jüdischen Gewaltopfer einen Gedenkstein innerhalb des Eingangsrondells errichten, der die Aufschrift trägt: »*Gedenke Ewiger, was uns geschehen. Gewidmet dem Gedächtnis unserer ermordeten Brüder und Schwestern 1933-1945 und den Lebenden, die das Vermächtnis der Toten erfüllen sollen.*« Auf kreisförmig um diesen Stein angeordneten Platten sind die Namen aller großen Konzentrationslager eingemeißelt. Am Nordostrand wurde in einer gesonderten Abteilung die Asche von 809 in Auschwitz, Buchenwald, Dachau, Mauthausen, Ravensbrück und Sachsenhausen ermordeten Juden beigesetzt. Im Januar 1992 erinnerte der Zentralrat der Juden in Deutschland mit einer weiteren Urnenbeisetzung an die jüdischen Opfer des Konzentrationslagers Auschwitz. Aber auch in allen anderen Teilen des Friedhofes haben mehrere tausend jüdische Männer und Frauen sowie Kinder ihre letzte Ruhestätte gefunden, die von der Gestapo oder der SS umgebracht wurden — wie DORIS TUCHOLSKY (1869-1943) ⬦ T2/Mauer, die Mutter des Dichters Kurt Tucholsky — oder sich durch Freitod diesem Schicksal entzogen. Der monumentale Grabbau für den Sänger JOSEF SCHWARZ (1881-1926) ⬦ A6/E6 diente versteckt in

Mausoleum des Sängers Josef Schwarz

Ehrenreihe westlich der Trauerhalle

Berlin lebenden Juden als Zufluchtsstätte. Martin Riesenburger schrieb darüber in seinem Erinnerungsbuch »Das Licht verlösche nicht«: »*In der Mitte des Daches befand sich eine Glasplatte. Man hob diese immerhin schmale Platte und suchte sich links oder rechts ein Ruhelager für die Nacht. Unten ruhte der begnadete Sänger, der einst Tausende Menschen durch seinen Gesang zu heller Begeisterung aufflammen ließ, oben lagen seine Glaubensbrüder im unruhigen Schlaf, durch den sich nur die eine bange Frage zog: Wie lange noch?*«

Von den 583 Thorarollen, die 1943 auf den Friedhof gerettet werden konnten, wurde ein Teil bei einem Bombentreffer auf die neue Trauerhalle beschädigt. Entsprechend dem jüdischen Ritus wählte man etwa 90 Rollen aus und beerdigte sie auf den beiden jüdischen Friedhöfen in Weißensee, woran Gedenksteine ⇨ A1/Mauer erinnern.

In der Ehrenreihe, die links vom Feierhallenbau beginnt, ruhen zahlreiche Persönlichkeiten, die sich als hervorragende Wis-

Grabmal des Malers Lesser Ury

Grabstätte geschändeter jüdischer
Thorarollen

senschaftler und Künstler oder als Vertreter der jüdischen Gemeinde hervortraten und Verdienste erwarben. Besonders bekannt geworden sind der Maler und Grafiker LESSER URY
(1861-1931) ⇨ G1/Ehrenreihe und der Schriftsteller KARL EMIL
FRANZOS (1848-1904) ⇨ A1/Ehrenreihe. Der Physiker EUGEN
GOLDSTEIN (1850-1930) ⇨ G1/Ehrenreihe entdeckte 1886 die
Kanal- oder Kathodenstrahlen. Der Nationalökonom und So-
zialpolitiker MAX HIRSCH (1832-1905) ⇨ A1/Ehrenreihe gründete
1868 zusammen mit dem Verleger Franz Duncker die Hirsch-
Dunckerschen Gewerksvereine. MORITZ STEINSCHNEIDER
(1816-1907) ⇨ A1/Ehrenreihe machte sich als Pädagoge und als
hebräischer Literaturwissenschaftler einen Namen. Der Jurist
OSCAR CASSEL (1849-1923) ⇨ G1/Ehrenreihe wurde 1914 Ehrenbürger von Berlin. Der Grabstein des Schriftstellers und Her-
ausgebers MICHA JOSEF BIN-GORION (1865-1931) ⇨ G1/Ehren-
reihe zeigt im oberen Teil einen Löwen, der auf den Namen des

Sarkophag-Grabmal Hermann Cohen in der Ehrenreihe

Bestatteten hinweist. Sarkophagform hat das Grabmal für den Philosophen HERMANN COHEN (1842-1918) ⬦ G1/Ehrenreihe, Begründer der Marburger Schule des Neu-Kantianismus. Der Grabstein für den Komponisten und Chorleiter LOUIS LEWAN-DOWSKI (1821-1894) ⬦ A1/Ehrenreihe trägt die Inschrift: *»Liebe macht das Lied unsterblich!«* MARTIN RIESENBURGER (1896-1965) ⬦ A1/Ehrenreihe war von 1953 bis zu seinem Tod Rabbiner der Jüdischen Gemeinde von Ost-Berlin.

An den jungen jüdischen Kommunisten HERBERT BAUM (1912-1942) ⬦ Ehrenreihe/A1/G1 erinnert als »vorbildlicher Kämpfer gegen Faschismus und Krieg« eine schlichte Granit-stele gegenüber der Ehrenreihe; auf der Rückseite sind die Na-men von 27 Mitgliedern der Widerstandsgruppe Baum ver-zeichnet, die u. a. eine anti-sowjetische Propagandaausstellung im Lustgarten in Brand gesteckt hatten und 1942/43 hingerichtet wurden. Die sterblichen Überreste Herbert Baums sind im Jahr

Ehrengrab für Herbert Baum; im Hintergrund rechts die Ehrenreihe

1949 vom Städtischen Friedhof Marzahn hierher umgebettet worden.

Auch an Denkmälern in den anderen Friedhofsbereichen, vor allem an den Erbbegräbnisreihen im Südwesten und Nordosten, liest man immer wieder Namen, die mit der wissenschaftlichen, technischen, wirtschaftlichen, künstlerischen und kommunalen Entwicklung Berlins eng verbunden sind.

Der Mediziner ALBERT FRAENKEL (1848-1916) ⬦ Q1/P1 machte sich als bedeutender Internist und Bakteriologe einen Namen, der Arzt und Schriftsteller IWAN BLOCH (1872-1922) ⬦ A4/B4 als bekannter Sexualforscher. Den Gynäkologen FERDINAND STRASSMANN (1838-1931) ⬦ Mauer/A1, ab 1915 Stadtmedizinalrat, ernannte die Stadt Berlin zum Ehrenbürger. Die sozialpolitisch stark engagierte LINA MORGENSTERN (1830-1909) ⬦ U1/V1 verdankte dem durch ihre Initiative gegründeten Verein Berliner Volksküchen den Namen »Suppen-Lina«.

75

Dem Literaturleben der Stadt verliehen wichtige Impulse der Verlagsgründer SAMUEL FISCHER (1859-1934) ⇨J4/Ehrenfeld und dessen Lektor MORITZ HEIMANN (1868-1925) ⇨P4/B6, der sich selbst auch schriftstellerisch betätigte. Ein namhafter Vertreter der Berliner Lokalposse war EDUARD JACOBSOHN (1833-1897) ⇨A1/D1, während OSKAR BLUMENTHAL (1852-1917) ⇨Mauer/U2 als Lustspielautor und Gründer des Lessing-Theaters bekannt wurde. BOGUMIL ZEPLER (1858-1918) ⇨Mauer/C1 war um die Jahrhundertwende ein vielgespielter Opernkomponist. Der Musikpädagoge JULIUS STERN (1820-1883) ⇨A1/D1 machte sich als Begründer des Sternschen Konservatoriums einen Namen. Der Bariton JOSEF SCHWARZ ⇨A6/E6 gehörte zum Ensemble der Berliner Oper. SAMUEL BELLACHINI (1827-1885) ⇨E1/B1 galt als einer der berühmtesten Zauberkünstler seiner Zeit. Der Architekt JOHANN HOENIGER (1850-1913) ⇨D4/E4 errichtete als Gemeindebaumeister ab 1881 unter anderem die Synagogen in der Fasanen- und der Rykestraße. Der Maler und Grafiker HUGO KRAYN (1885-1919) ⇨C4 schuf eine Reihe beeindruckender sozialkritischer Werke, der Kunsthistoriker LOTHAR BRIEGER (1879-1949) ⇨G1/Ehrenreihe veröffentlichte zahlreiche Bücher über kunstwissenschaftliche Themen. Der Publizist ISIDOR KASTAN (1840-1931) ⇨A1/D1 war Leiter des innenpolitischen Ressorts des »Berliner Tageblattes«, das ab 1872 im Verlagshaus von RUDOLF MOSSE (1843-1920) ⇨Mauer/M1 erschien und dessen Chefredakteur 1906 der demokratische Politiker und Journalist THEODOR WOLFF (1868-1943) ⇨A1/D1 wurde. Die großen Warenhausunternehmen Hertie und KaDeWe gehen auf HERMANN TIETZ (1837-1907) ⇨O2/G6 bzw. ADOLPH JANDORF (1870-1932) ⇨Mauer/T2 zurück. BERNHARD LOESER (1835-1901) ⇨Mauer/E2 war Mitbegründer der Zigarettenfabrik Loeser & Wolff, JOSEF GARBATY-ROSENTHAL (1851-1939) ⇨D4/C4/M4 der Zigarettenfabrik Garbaty. BENNO ORENSTEIN (1851-1926)

Grabstätte Samuel Fischer

Erbbegräbnis Rudolf Mosse

Erbbegräbnis der Familie Tietz

Ehrenfriedhof für jüdische Gefallene des Ersten Weltkrieges

⇨ WT/Mauer und ARTHUR KOPPEL (1851–1906) ⇨ F2/G2 waren Eigentümer der 1876 gegründeten Lokomotiv- und Waggonbaufirma Orenstein & Koppel.

Inmitten der regelmäßigen Grabfelder im Südteil des Friedhofes fällt der Ehrenhain für im Ersten Weltkrieg gefallene jüdische Soldaten besonders auf. Bereits 1917/18 hatte Gemeindebaumeister Alexander Beer den eine Fläche von 90 × 45 Metern einnehmenden Krieger-Ehrenfriedhof ange-

Gedenkstein für jüdische Kriegsgefallene

Grabstätte russischer jüdischer Soldaten

legt, den eine übermannshohe Rustikamauer aus Kalkstein mit
drei torartigen Eingängen umschließt. Eine Lindenallee führt
zum halbrunden, terrassierten oberen Parterre. Erst im Juni 1927
wurde auf der Abschlußterrasse das bereits 1918 vorgesehene
Ehrenmal nach Beers Entwurf eingeweiht; das rund drei Meter
hohe Muschelkalkmonument stellt in starker Stilisierung einen
Altar dar und zeigt an der Frontseite neben der Gedenkschrift
die Reliefdarstellung eines liegenden Löwen als Symbol der ru-
henden Kraft. Die einheitlich gestalteten kleinen Grabstelen
standen ursprünglich vor efeubewachsenen Grabhügeln — seit
der Rekonstruktion der Anlage durch das Berliner Stadtgarten-
amt bildet das gesamte untere Parterre eine einheitliche Rasen-
fläche, nur durch den Mittelweg geteilt. Dieser Gefallenenfried-
hof, dessen Bauplastik deutlich Art-deco-Einflüsse erkennen
läßt, gehört zu den künstlerisch anspruchsvollsten derartigen
Anlagen in Berlin.

Auch der in der Nähe befindliche Gedenkstein für neun russische Soldaten, die im Ersten Weltkrieg in deutschen Gefangenenlagern starben, verdient Aufmerksamkeit wegen der Gliederung mit Schriftbändern, die Bauhauseinflüsse zeigen.

Zur Grabmalskunst

Wie auf keinem anderen Berliner Friedhof kann man in Weißensee die Entwicklung der Grabmalskunst von 1880 bis etwa 1930 anhand unterschiedlichster und teilweise außerordentlich qualitätvoller Beispiele verfolgen. Vor allem für die aufwendigen Erbbegräbnisse wohlhabender jüdischer Familien wurden vielfach an namhafte Architekten und Bildhauer sowie renommierte Kunsthandwerksbetriebe Aufträge vergeben. Dennoch konnten bisher erst für einen Teil der Denkmäler die Künstler ermittelt werden — die Kunstwissenschaft wird in Zukunft gerade auf dem Weißenseer Friedhof sicherlich noch manche bemerkenswerte Entdeckung machen können.

Bekannt sind u. a. Arbeiten von Architekten wie August Orth, Johannes Otzen, Erdmann & Spindler, Lachmann & Zauber, Bruno Schmitz, Alfred Messel, Ludwig Hoffmann, Martin Dülfer, Fritz Schumacher und Walter Gropius oder Bildhauer wie Gustav Eberlein, Fritz Klimsch, Hugo Lederer und Hans Dammann. Ausgeführt wurden diese Grabmäler vor allem von den in der damaligen Lothringenstraße ansässigen Steinmetzwerkstätten wie Altmann & Gerson, Hermann Bierer, Fritz Rosenberg, Julius Simon, Salomon Weiss und Levy & Pohl, den Schöneberger Firmen Witschel sowie Rudolf und Ernst Bauer, aber auch von den traditionsreichen Betrieben von Zeidler & Wimmel, Carl Schilling, Kessel & Röhl und Martin Zachart. Mosaikschmuck und Verglasungen dürften zumeist in den Vereinigten Werkstätten für Mosaik und Glasmalerei Puhl & Wagner, Gottfried Heinersdorff entstanden sein.

Wie erwähnt, durften entsprechend den jüdischen Religionsvorschriften auf Friedhöfen keine Grabsteine mit Darstellungen der Verstorbenen aufgestellt werden. Trotzdem gibt es einige wenige Ausnahmen in Weißensee: Fotografien sieht man u. a. an zwei Granitstelen von 1949, Bronzeporträtmedaillons, ursprünglich verdeckt, an den Erbbegräbnissen MANFRED CAHN ⇨ A1/Mauer und BERTHOLD KEMPINSKI ⇨ T2/Rondell/X2, beide vom Anfang dieses Jahrhunderts. Bei der Eckanlage für Kempinski bildet eine monumentale Muschelkalkstein-urne mit Bildnis der Verstorbenen — die Signatur RM deutet auf Rudolf Marcuse — den Mittelpunkt. Berthold Kempinski (1845-1910) eröffnete 1872 an der Ecke Friedrich-/Leipziger Straße eine Probierstube, aus der eines der traditionsreichsten Berliner Restaurant- und Hotelunternehmen hervorging. Auch das Grabmal für den Komponisten, Pianisten und Kapellmeister LEONHARD EMIL

Porträtrelief Berthold
Kempinskis an dessen Grabstätte

BACH (1849-1902) ⇨ W2/X2 und die Marmorgrabplatte für ANNA WERNER von 1915 ⇨ L4/Ehrenfeld schmückten ursprünglich bronzene Porträtreliefs.

Es gibt eine weitere Besonderheit jüdischer Begräbnisplätze. »Da hier figürliche Darstellungen nicht zugelassen werden und auch das Ornament auf wenige Motive beschränkt bleibt, rückt das Material (Granit) mehr in den Vordergrund, und man ist vielfach zur

Durchbildung der Grabstätten fast ausschließlich in Schmiedeeisen geführt worden.« (Berlin und seine Bauten, 1896). Von den einst sehr zahlreichen Arbeiten der Kunstschmiedewerkstätten Marcus, Fabian, Kleinschmidt, Degen & Schmidt u. a. sind heute nur noch wenige vorhanden; denn im Zweiten Weltkrieg wurden eiserne Ketten und Gitter und Bronzeelemente und andere Metallteile an Erbbegräbnissen als »Materialreserve« entfernt und

Kunstschmiede-Detail vom Erbbegräbnis der Familie Moritz Israel

Erbbegräbnis der Familie Israel Baer

für die Waffenproduktion eingeschmolzen. Dennoch haben sich einige Gitter sowie Metallzierelemente an verschiedenen Grabarchitekturen erhalten; Beispiele mit besonders reichem neobarocken, ornamentalen Schmuck sind die Grabstellen der Familien MORITZ ISRAEL ⬦ M1/J1/Mauer und LEWINSOHN-NETTER ⬦ B2/H2 vom Ende des 19. Jahrhunderts. Der Hauptschmuck an der Ruhestätte des Konsuls HERMANN FRÄNKEL (1844-1901)

82

✧ Mauer/M2 — 1902 durch Gustav Erdmann und Ernst Spindler errichtet — ist die vorgekragte Kuppel aus getriebener Aluminiumbronze, eine Arbeit des Berliner Ziseleurs Otto Scheer. Die »Berliner Architekturwelt« urteilte 1909 über die ab 1884 entstandenen monumentalen Grabmäler von Erdmann & Spindler, es seien *»Bauten von vornehmer Haltung, die bei absichtlicher Schlichtheit der Formen durch wohlabgewogene Verhältnisse der Mas-*

Grabanlage der Familie Markus Goldschmidt

sen zueinander künstlerische Wirkungen erzielen«. Das trifft auch zu für die ähnlich gestalteten Granitmäler der Familien Simon Blumenreich (1902) ✧ Mauer/M2, Israel Baer (1904) ✧ B1/Mauer und Alex Aronheim (1906) ✧ V2/Q2 oder Salomon Tausig (1909) ✧ R2/Rondell/K2 mit einem ehemals farbig verglasten Kuppelvorbau, der in der Thorakrone seinen Ursprung hat.

Kindergrabmal für Henriette Oldendorff

Maurische Fenstergitter zum Vorbild haben die acht kunst-
vollen Bronzegitter in den arkadenartigen Bogendurchgängen
der Familienruhestätte MARKUS GOLDSCHMIDT (um 1922)
◇ WT/XI, bei denen sich jüdische Symbolik und Art-deco-
Formen verbinden.

Die ältesten Erbbegräbnisse ab 1881 an der nordwestlichen
Umfassungsmauer rechts vom Haupteingang sind zurückhal-
tende spätklassizistische Wandgliederungen, die noch dem Gedanken der Gleichheit im Tode verpflichtet sind.

Vereinzelt sieht man Denkmäler in traditioneller Sarkophagform — etwa für HENRIETTE OLDENDORFF, um 1887 ◇ KI, und
JULIAN MEISEL, um 1917 ◇ W4/V4 — oder als abgebrochene
Steinsäule. Ebenso wie in der Ehrenreihe überwiegen auch innerhalb der einzelnen Gräberabteilungen einfachere, klassizistischen Vorbildern nachempfundene Stelen aus Sandstein, Granit, Marmor oder auch Werkstein, häufig mit hebräischen und

deutschen Inschriften, gele-
gentlich mit sparsamen Orna-
menten der jüdischen Sym-
bolik.

Dagegen wurden die gro-
ßen, an Hauptwegen und
Plätzen gelegenen und zu-
meist in Granit, anderem
Hartgestein sowie in Marmor
errichteten Grabarchitekturen
zunächst in klassizistischen,
romanischen, barocken und
orientalischen Formen errichtet. Nach der Jahrhundertwende machten sich die Einflüsse von Jugendstil, Neo-

Grabmahl der Familie
Abraham Wolff

klassizismus, Art-deco und Neuer Sachlichkeit bemerkbar. Als
Material wurden nun zunehmend Sandstein, Muschelkalk, Travertin und anderes poröses Gestein entsprechend dem verän-
derten Stilempfinden bevorzugt.

Die langgestreckte neoromanische Familienruhestätte
SCHWABACHER ⬧ S1/X1 am Rondell hinter der Feierhalle führte
die Firma Kessel & Röhl um 1888 nach einem Entwurf von Johannes Otzen aus. Zu den größten Grabmonumenten des
Friedhofes gehört der an der Westecke von August Orth 1884
errichtete achteckige, ebenfalls neoromanische Säulenbau aus
rotem Granit für die Familie ALBERT ASCHER MICHAELIS
⬧ Mauer/C1; die ursprünglich mehrfarbig verglaste Kuppel
schuf Otto Metzing. Bei der von dem Architekten Georg Lewy
entworfenen Marmorgrabanlage für die Familie HUGO SIEG-
HEIM (um 1892) ⬧ T1/R1 fallen Rokokoelemente auf. Auf keinen
geringeren als den bekannten Baumeister Alfred Messel geht

Erbbegräbnis der
Familie Adolph Ernst

das um 1890 errichtete, mittlerweile stark verwitterte Erbbegräbnis FRENKEL (um 1890) ⇨ Mauer/B1 im Neorenaissancestil zurück, in Nesselberger Sandstein und schlesischem Marmor von den Werkstätten Carl Schilling ausgeführt.

Die der orientalischen Architektur entstammende Kuppel findet man in verschiedenen Variationen auch noch an tabernakelförmigen Grabmälern der Zeit nach 1920 wieder — so in Sandstein für die Familie SALO RAWITZKI (um 1921) ⇨ L5/M5 und in Muschelkalk für die Familie ABRAHAM WOLFF (um 1924) ⇨ G5/F5.

Der neobarocke Marmortempel für die Familie ERNST (um 1899) ⇨ F2/G2 mit Kuppeldach und Bronzelaterne sowie farbigem Mosaik an der inneren Rückwand wirkt mit seinem üppigen plastischen Schmuck und zahllosen Zierelementen überladen; der hier ruhende ADOLPH ERNST (1846-1927) war Begründer des Adolph-Ernst- und späteren Thalia-Theaters in Berlin. Stilistisch ähnliche, aber weniger aufwendige Architekturen aus Marmor wurden u. a. für die Familien EMIL LANDÉ (um 1891) ⇨ WT/Mauer und THEODOR DAVID (um 1898) ⇨ J2/Rondell/S2 errichtet. Neobarocke Formen bestimmen auch noch das um 1912 von Paul Lewy für die Familie REITZENBAUM ⇨ W2/C3 entworfene Muschelkalksteingrabmal. Das von Bruno Schmitz für den Bankier SIGMUND ASCHROTT (1826-1915) ⇨ C2/Rondell/K2 nach 1890 geschaffene und im Zweiten Welt-

Mausoleum der Familie Aschrott   Grabanlage der Familie Alfred Cohn

krieg schwer beschädigte Mausoleum aus rotem Hartgestein ist der mächtigste Grabbau auf dem Weißenseer Friedhof. Schmitz, der Architekt des Leipziger Völkerschlachtdenkmals, hat hier durch relativ sparsame neobarocke Ornamentik und jüdische Symbolik sowie einen pyramidenförmigen Dachaufsatz eine monumentale Wirkung mit eindeutigem Ewigkeitsbezug erreichen wollen.

Zu den bemerkenswertesten Jugendstilanlagen gehört die von Otto Stichling für die Familie ALFRED COHN (um 1903) ⇨ R2/O2; der Entwurf für dieses Grabmal aus schwarzem Granit mit Bronzetreibarbeiten und blauen Kacheln an den als Feuerpylonen gestalteten Seitenpfeilern war auf der Großen Berliner Kunstausstellung von 1904 zu sehen.

Neoromanik und Jugendstil vermischen sich bei der Wandarchitektur aus Sandstein für HENRIETTE KALISCHER ⇨ J2/Rondell/H2, um 1900 ebenfalls von Otto Stichling entworfen und für 3000 Mark von der Schöneberger Steinmetzfirma Witschel ausgeführt. Die stilistisch zwar verwandte, aber wesentlich aufwendigere Anlage für die Familie SALINGER-DANIEL (um 1899) ⇨ K2/Rondell/R2 entwarf der Regierungsbaumeister Alfred Salinger, ausgeführt in Dorlaer Muschelkalkstein von der Werkstatt Carl Schilling. Ähnlich gestaltet sind die Muschelkalksteinanlage für die Familie KOCHENTHALER (um 1906) ⇨ T2/ Mauer, das Mausoleum der Familie APPELBAUM (um 1902) ⇨ S1/U1 oder die Grabarchitektur der Familie BAB-WOLFF (um 1909) ⇨ R2/Rondell/V2.

Jugendstileinflüsse lassen gleichfalls die Erbbegräbnisse ADOLPH BERNHARD (um 1901) ⇨ O2/G2 aus rotem Granit und GUSTAV MEYER (um 1909) ⇨ Mauer/P2 aus schwarzem Granit erkennen. Der vor allem durch seine Theaterbauten bekannt gewordene Dresdner Architekt Martin Dülfer entwarf um 1904 das klar gegliederte Wandgrabmal für die Familie MORITZ

Erbbegräbnis der
Familie Adolph Bernhard

Erbbegräbnis der
Familie Gustav Meyer

BECKER ⇨ Mauer/E2, in Dorlaer Muschelkalkstein durch Carl Schilling errichtet. Es zeigt ebenso bereits kubistische Formen wie das 1906 von dem Architekten Alex Baerwald für die Familie SCHMOLLER ⇨ V2/Q2 geschaffene Grabmal.

Relativ zurückhaltenden Neobarock kennzeichnet eine von dem renommierten wilhelmischen Bildhauer Gustav Eberlein um 1910 entworfene Anlage aus Muschelkalkstein; die von der Firma Carl Schilling ausgeführte Ecklösung fand auf dem Friedhof zweimal an Wegkreuzungen Verwendung ⇨ L4/U4/ Ehrenfeld und ⇨ A6/F6.

An der langen nordöstlichen Erbbegräbnisreihe, links vom Hauptportal, fällt das gedrungen wirkende, neoromanische Mausoleum KATZ-LACHMANN ⇨ Mauer/S1 besonders auf; hier ruhen die verschwägerten Familien des Baumeisters LOUIS LACHMANN (1860-1919) und des Rechtsanwalts LEOPOLD KATZ (1860-1901). Den 7,60 Meter langen und 3,40 Meter tiefen Bau

Mausoleum der Familien Katz-Lachmann

plante die Architektenfirma Lachmann & Zauber, die Stein-
metzarbeiten in Randersacker Kalkstein führte die Firma
C. Winterheldt aus; die Gesamtkosten betrugen 17 000 Mark.

Ebenfalls an romanische Vorbilder knüpfte man bei der in
derselben Reihe befindlichen Grabkapelle der Familie HER-
MANN HOFFMANN (um 1907) ⇨ Mauer/F2 an. Das Mosaik im In-
nern zeigt aber auch deutliche Einflüsse von Jugendstil und
maurischer Kunst, von der besonders auffällig die freistehenden
Grabarchitekturen für ADOLPH KÖHLER (um 1919) ⇨ G2/Ron-
dell/P2 und ABRAHAM WOLFF (um 1924) ⇨ G5/F5 geprägt sind.

Gemeindebaumeister Alexander Beer schuf für die Familie
ROBERT MANNHEIMER ⇨ Mauer/M1 um 1917 eine Muschelkalk-
anlage an der Südostmauer, deren als Portalbogen ausgebildeter
Mittelteil Verwandtschaft zur ehemaligen Jüdischen Knaben-
waisenschule, bis 1989 Kubanische Botschaft in der DDR in
Pankow, Berliner Straße 120/121, zeigt. Viele der um 1910 ent-

Erbbegräbnis der Familie Mankiewitz-Eisner (Mitte)

standenen Anlagen werden vom ausklingenden Jugendstil und vom Neoklassizismus bestimmt. Beispiele dafür sind die Ruhestätte der Familie MAX FABISCH ⇨ E3/Z2 und das Doppelerbbegräbnis der Verlegerfamilien PAUL und THEODOR MOSSE ⇨ M1/ Mauer von dem Architekten Walther Schilbach, das Marmorwandgrabmal MANKIEWITZ-EISNER ⇨ Mauer/WT — mit dem Grab des Vorsitzenden der Jüdischen Gemeinde zu Berlin HEINRICH EISNER (1850-1913) — von dem Bildhauer Hermann Jacobs, die monumentale dorische Säulenarchitektur der Dresdner Bankiersfamilie ARNSTAEDT ⇨ S2/Rondell/J2 von dem Architekten Friedrich Blau, das Wand-Erbbegräbnis der Familie des Sozialhygienikers SALOMON NEUMANN (1819-1908) ⇨ Mauer/WT von dem Architekten Max Landsberg, die freistehenden Muschelkalksteinanlagen des Bildhauers Ernst Westphal für den Chemiker CARL LIEBERMANN (1842-1914) ⇨ L4/Ehrenfeld und für die Familie ALBERT HAMBURGER (um 1901) ⇨ Mauer/E2

Erbbegräbnis der Familie Panofsky

Erbbegräbnis der Familie Wallach

sowie für die Familie GEORG FRANK (um 1912) ⬧ T1/U1 von den
Architekten Hoeniger & Sedelmeier oder das Granitmal für
den Bankier PAUL STEINFELD (um 1915) ⬧ J1/M1 von Wilhelm
Ossenbühl.

Weitere stilistisch verwandte Grabarchitekturen und Einzel-
denkmäler stammen u. a. von den Bildhauern Hans Dammann,
Arnold Zadikow und Fifi Marcus-Herrstadt, den Architekten
Franz Seeck, Gustav Rückgauer, Fritz Seligsohn, Georg Ho-
nold, Rudolf A. Pinner, Rudolf Zahn, Wilhelm Cremer, Rathenau & Hartmann, Fritz Kritzler. Während das Mausoleum für
den Sänger JOSEF SCHWARZ ⬧ A4/E6 von Ernst Moritz Lesser
um 1926 in Travertin als dorischer Tempel mit Giebeldach errichtet wurde, fanden bei der schönen Wandgestaltung in Muschelkalk für die Familie PANOFSKY — EUGEN PANOFSKY
(1855–1922) ⬧ Mauer/S1 war Stadtältester von Berlin — Renais-
sanceformen sparsame Verwendung. Wie kaum ein anderes

Grabanlage der Familie Loewenberg

Erbbegräbnis des Friedhofs vereinigt dieses, von Stadtbaurat Ludwig Hoffmann und Bildhauer Franz Naager 1919 entworfen und bis 1920 von den Werkstätten Zeidler & Wimmel ausgeführt, in vorbildlicher Weise Repräsentation und vornehme Zurückhaltung. In den Grundformen eines römischen Kastells wurde der dachlose quadratische Grabbau mit reich ornamentiertem Eingang für die Familie BERTHOLD HOLDHEIM ⇨ Z4/ Mauer/A5 um 1918 errichtet.

Die von einer neoklassizistischen Pfeilerarchitektur umgebene Ruhestätte der Familie JULIUS GOTTHEINER (1848-1914) ⇨ X2/W2 — er war als Stadtbauinspektor an der Ausarbeitung von Sonderentwürfen für den Berliner Osthafen beteiligt — wurde vermutlich von seinem Sohn konzipiert, dem Regierungsbaumeister Albert Gottheiner, der 1931-33 an der Rungestraße den Klinkerbau der Zentralverwaltung der Allgemeinen Ortskrankenkasse Berlin (bis 1989 Bezirksparteischule der SED)

93

Grabanlage für Albert Mendel

errichtete. Ein charakteristisches Beispiel für die auf klare, monumentale Wirkungen zielende Gestaltungsweise des Bildhauers Hugo Lederer ist die Grabanlage WALLACH (um 1930) ⇨ A7/K3, bei der nicht nur die vier Steinkugeln als vorderer Abschluß an die 1929 geschaffene Ruhestätte Gustav Stresemanns auf dem Luisenstädtischen Friedhof an der Bergmannstraße in Kreuzberg erinnern. Ähnlich ist auch die Wirkung der ägyptisierenden Grabarchitektur für den Juristen HUGO SONNENFELD (1863-1927) ⇨ U1/A2, entworfen von dem Bildhauer Fritz Klimsch. Unter den Denkmälern mit reicherer Bauplastik im Art-deco-Stil der 20er Jahre verdienen am Nordostrand die langgestreckte Muschelkalkanlage mit Grabplatten für die Familien WASSERMANN-FREUDENHEIM-MICHALSKI ⇨ WT/X1 von Alexander Beer und das Erbbegräbnis der Bankiersfamilie OSCAR LOEWENBERG ⇨ V1/WT mit lebhafter Wandgliederung besondere Beachtung.

Am Ostende trifft man in der Nähe des Einganges an der Indira-Gandhi-Straße auf eine der künstlerisch ungewöhnlichsten und zugleich bedeutendsten Anlagen des Friedhofes: das von Walter Gropius 1923 entworfene Erbbegräbnis der Familie des Berliner Kaufmannes ALBERT MENDEL (1866-1922) ⬦ P4/O4. Für diesen hatte Gropius bereits die Innenarchitektur seiner Stadtwohnung am Lützowplatz und der Villa am

Grabstelle für Hugo Elkeles

Wannsee gestaltet. Obwohl er bei dem Grabmal von der traditionellen jüdischen Sarkophagform ausging, erreichte er durch die Prismenform und die asymmetrische Einordnung in die klar gegliederte Travertinanlage eine völlig neuartige, geradezu kühne Wirkung. Die Gesamtkosten für diesen Auftrag, von der Steinmetzfirma Gustav Haubold in Ehringsdorf bei Weimar ausgeführt, erreichten im Inflationsjahr 1923 die Höhe von 940 000 Mark. Die heute fast sämtlich fehlenden Bronzebuchstaben fertigte die Gießerei Hermann Noack an. Walter Gropius hatte während seiner Weimarer Bauhaus-Tätigkeit bereits zwei Jahre zuvor ein anderes bedeutendes Werk der Friedhofskunst geschaffen: das expressionistische Denkmal für die Märzgefallenen von 1920. Das Muschelkalksteinmal für den 1927 verstorbenen HUGO ELKELES ⬦ E6/A4 entstand nach dem — zumindest zweimal verwendeten — Entwurf Erich Mendelsohns für die Grabsteine der Brüder Schocken auf dem Weißenseer Adass-Jisroel-Friedhof — ebenso wie die Arbeit von Gropius ein bemerkenswerter Beitrag für eine neuzeitliche Friedhofskultur. Durch die Zeit der Nazi-Herrschaft wurde diese Entwicklung jäh abgebrochen.

Im Zusammenhang mit Erneuerungs- und Rekonstruktionsmaßnahmen im Auftrag des Berliner Stadtgartenamtes wurde als sichtbarste Maßnahme 1983/84 die 750 Meter lange Friedhofsmauer entlang der heutigen Indira-Gandhi-Straße und der dortige Eingang von 1924 nach Entwürfen des Architekten Gerd Pieper neu gestaltet. Zu diesem beachtenswerten modernen Lösungsversuch für eine Friedhofsbegrenzung äußerte Pieper:

»Die Gestaltung wird bestimmt durch die Ausführung der Fertigteilplatten und durch die Gliederung der langen Begrenzungsflucht an der Lichtenberger Straße. Die Gliederung erfolgt durch die Einordnung von großen Nischenfeldern, die in einer rhythmischen Folge zu den Betonfertigteilen stehen. Die Felder sind als Kunstschmiedegitter ausgeführt, die mit Pflanzendekor ornamental gestaltet sind. Eine Fassung der geöffneten Nischen wird durch eine entsprechende Bepflanzung auf der Innenseite des Friedhofs erreicht. Für die Fertigteilplatten sind eine Sockelplatte und eine Deckplatte, die glatt bzw. mit Reliefbild ausgeführt ist, entworfen worden.

Als Relief ist die Menora, der siebenarmige Leuchter, als ältestes jüdisches Symbol, als Träger des Lichtes und des Lebens, als Symbol des Lebensbaumes schlechthin, stilisiert angewendet worden. Die Ausführung der Fertigteilplatten erfolgt im porphyrrotem Beton.

An der Begrenzung zum Getränkekombinat ist die Reliefplatte, zur Friedhofsinnenseite gekehrt, nur in den Bereichen der zulaufenden Wege eingesetzt.« (Architektur der DDR, 4/1985). Die Errichtung der neuen Friedhofsmauer für mehr als 2,5 Millionen Mark wurde durch die Stadt Berlin finanziert.

Gegenstand jahrzehntelanger Diskussionen war der geplante Bau einer Ausfallstraße von der Kniprodestraße zur Kniprodeallee in Richtung Nordosten, die über das Gebiet des Jüdischen Friedhofes geführt hätte. Ein entsprechendes, etwa 30 Meter breites Flurstück war schon seit 1890 dafür vorgesehen, und 1915 verkaufte es die Gemeinde an die Stadt Berlin, dessen Übernahme durch den Magistrat nach der Bildung Groß-Berlins unter dem Datum vom 26. November 1921 im Grundbuch verzeichnet worden war. Eine 1986 bestätigte Kompromißlösung sah zunächst vor, eine böschungsgeschützte, tieferliegende Straße mit flachbogigen Brückenübergängen für Besucher des Friedhofes zu schaffen. Mit dieser Variante sollte sowohl dem Anliegen der Jüdischen Gemeinde als auch der Notwendigkeit des Baues einer Nordwesttangente zu den neuen Wohngebieten Ost-Berlins entsprochen werden. Da jedoch auch diese Lösung die Verlegung von Grabstätten erfordert und so den Hauptfriedhof der Berliner Jüdischen Gemeinde als ein Geschichts- und Kulturdenkmal von besonderer Bedeutung einschneidend verändert hätte, wurde noch im selben Jahr nach endgültiger Entscheidung des damaligen »Vorsitzenden des Staatsrates der DDR«, vom Bau der Autostraße über das Freigelände des Friedhofes Abstand genommen. Gleichzeitig machte der Magistrat von Ost-Berlin den 1915 vollzogenen Grundstücksverkauf durch eine Schenkung auf alle Zeiten an die Jüdische Gemeinde rückgängig. Seit 1991 finden auch auf diesem Gelände Bestattungen statt.

Jüdischer Friedhof Weißensee
Herbert-Baum-Straße 45
O-1120 Berlin

Tram Linien 20, 24, 28, 58 und 70
Haltestellen Antonplatz oder Smetanastraße

Ehemaliger Jüdischer Friedhof in Spandau

Als Folge der Vertreibung der Juden aus der Mark Brandenburg im 14. und 16. Jahrhundert lebte um 1700 in Spandau lediglich eine einzige jüdische Familie — 1671 hatte der Große Kurfürst 50 aus Österreich vertriebene jüdische Familien aufgenommen. 1782 gab es in Spandau bereits acht Familien, und
hundert Jahre später zählte die dortige Jüdische Gemeinde 165
Mitglieder. Da sie keinen eigenen Begräbnisplatz mehr besaß,
mußte sie ihre Verstorbenen in Berlin bestatten. Im Jahre 1859
erwarb die Gemeinde für 33 Taler ein weniger als einen halben
Morgen — 96 Quadratruten — großes Grundstück in den sogenannten Schülerbergen zur Anlage eines Friedhofs. Diese
»Berge« zwischen Schönwalder und Neuendorfer Straße in der
Spandauer Neustadt waren bescheidene Sandhügel, die 1875
beim Bau von Artillerie-Wagenhäusern abgetragen wurden.
Erst am 13. April 1865 erfolgte eine notarielle Bestätigung des
Kaufvertrages für das Friedhofsareal.

Fast ein halbes Jahrhundert diente ein Holzschuppen als Leichenhalle. Erst 1913 entstanden nach den Plänen des Spandauer
Architekten Adolf Steil eine Trauerhalle — ein überkuppelter
Rundbau — und eine feste Einfriedung. Zehn Jahre später erfolgte durch Geländezukauf eine Friedhofserweiterung — die
Spandauer Juden hatten auch nach der Eingliederung ihrer Stadt
in die Stadtgemeinde Groß-Berlin 1920 ihre Selbständigkeit be-
halten.

Da der Spandauer Friedhof inmitten militärfiskalischen Geländes lag und »kriegswichtigen« Bebauungsplänen im Wege
stand, mußte er 1940 nach Verhandlungen mit dem regionalen

Grabsteine des 1940 aufgegebenen Jüdischen Friedhofes von Spandau auf dem Adass-Jisroel-Friedhof in Weißensee

Wehrkreiskommando aufgegeben werden. Immerhin konnten im Mai/Juni 1940 die etwa 200 Beigesetzten exhumiert und auf ein vorbereitetes Gräberfeld auf dem Weißenseer Adass-Jisroel-Friedhof überführt werden, wo auch die Grabsteine neu aufgestellt wurden. Für die Übertragung des ehemaligen Friedhofsgrundstücks wurde an die Jüdische Gemeinde zu Berlin eine Kaufsumme von 10 300 Mark gezahlt.

Die schlichten Spandauer Grabstelen mit jeweils hebräischer und deutscher Inschrift befinden sich auf dem nordwestlichen Eckfeld H des Adass-Jisroel-Friedhofes an der Wittlicher Straße.

Ehemaliger Jüdischer Friedhof in Köpenick

Während alle konfessionellen Gemeinschaften von Köpenick ihre Verstorbenen auf dem Friedhof der evangelischen Stadtpfarrkirche St. Laurentius in der Köllnischen Vorstadt bestatteten, besaß die dortige Jüdische Gemeinde einen eigenen Begräbnisplatz nördlich einer Bahnstrecke, im Ortsteil Köpenick-Nord.

Die Jüdische Gemeinde Köpenick, über die keine genauen Angaben bekannt sind, gehörte nicht zum Synagogenbezirk Berlin. Auch nach der Bildung Groß-Berlins im Jahre 1920 blieb sie selbständig und wird erst nach 1933 im Gemeindeblatt als zur Berliner Gemeinde gehörend geführt. 1933 zählte man in Köpenick 609 jüdische Einwohner. Die 1909/10 errichtete Syna-

Grabsteine vom ehemaligen Jüdischen Friedhof Köpenick

goge an der Freiheit 8 wurde im Jahre 1938 verwüstet und nach dem Zweiten Weltkrieg abgetragen.

Der wohl kaum mehr als ein Hektar große Gemeindefriedhof lag auf einem dreieckigen Areal an der Ecke Gehsener Straße/Güldenauer Weg. In der Nähe befand sich an der Mahlsdorfer Straße 94 das 1932 eingeweihte Jüdische Altersheim von Köpenick (zu DDR-Zeiten als Studentenwohnheim »Clara Zetkin« genutzt). Im Zusammenhang mit der Errichtung von Wohnneubauten im Bereich des Friedhofs wurde Anfang der 60er Jahre die Anlage, auf der sich heute Autoparkflächen befinden, restlos abgeräumt. Einige wenige Grabsteine konnten damals sichergestellt werden — sie fanden im Jahre 1986 auf dem Jüdischen Friedhof Weißensee auf der Fläche der 1944 zerstörten und 1980 abgetragenen zweiten Feierhalle einen neuen Platz. Insgesamt findet man dort 31 schlichte Steine mit Sterbedaten zwischen 1887 und 1937; auf einem wird an ein Gemeindemitglied in Adlershof erinnert.

Köpenicker Grabsteine auf dem Jüdischen Friedhof Weißensee

Friedhof der Jüdischen Gemeinde zu Berlin an der Heerstraße

Die Anlage dieser Begräbnisstätte war eine direkte Folge der politischen Entwicklung nach dem Zweiten Weltkrieg und der Spaltung Berlins nach 1948. Da der Weißenseer Hauptfriedhof für die Westberliner Gemeindemitglieder kaum noch zugänglich war, entschloß man sich 1954 zur Anlage eines neuen Friedhofes südlich der Heerstraße, unweit des Scholzplatzes.

Der Gesamtentwurf für den zunächst rund zwei Hektar großen Friedhof im nördlichen Teil des Berliner Stadtforstes Grunewald geht auf Hermann Guttmann und Bernhard Kynast zurück, die Ausführung erfolgte unter Leitung von Josef M. Lellek. Nach der Einweihung im November 1955 ließ der Senat

Blick vom Haupteingang zur Gedenkanlage für jüdische NS-Opfer

von Berlin 1957 eine vom Scholzplatz zum Friedhof führende Straße und einen Parkplatz anlegen.

Im Jahre 1960 wurde ein von Josef M. Lellek entworfener Gedenkstein für die jüdischen Opfer der nationalsozialistischen Schreckensherrschaft errichtet; das Mahnmal führten Gesellen der Berliner Steinmetz- und Bildhauer-Innung aus Steinen der ehemaligen Synagoge in der Fasanenstraße als Spende für die Jüdische Gemeinde aus. Er trägt die Inschrift *»Denen die unter der Herrschaft des Unmenschen ihr Leben lassen mußten zum ewigen Gedächtnis 1933-1945«*. In dem Ehrenhain wurde auch Asche aus dem Vernichtungslager Auschwitz beigesetzt, woran eine Granitplatte aus dem Jahre 1984 erinnert. Symbolische Gräber mit roten Granitsteinen für jüdische Opfer der Diktatur sind konzentrisch um den Gedenkstein angeordnet.

Nach Plänen von Curt Leschnitzer und unter Leitung von Josef M. Lellek entstanden 1955/56 im Eingangsbereich die völ-

Ehrengrabreihe

Grabstätte von Jeanette Wolff

lig schmucklose Trauerhalle und das Verwaltungsgebäude. 1966 und 1979 erfolgten Erweiterungen des Friedhofs auf eine Größe von 3,4 Hektar. Bislang fanden hier etwa 4500 Gemeindemitglieder ihre letzte Ruhestätte. Die beabsichtigte Ausdehnung des Friedhofs in Richtung Scholzplatz wird sicherlich auch davon abhängen, ob der Jüdische Friedhof Weißensee wieder zum Hauptbestattungsort für die Gemeinde werden wird. Zu beiden Seiten der kurzen Mittelallee, zwischen Lärchen und Fichten, haben sechs Grabsteine der mittelalterlichen Spandauer Juden-Kiewer einen neuen Platz gefunden. Die Allee führt direkt zum Gedenkplatz für die Opfer der Nazi-Diktatur.

Das Gesamtbild des geometrisch angelegten Friedhofs wird bestimmt durch Birkenalleen und hohe Thujahecken, die die einzelnen Grabfelder streng voneinander trennen. Die schmucklosen Grabsteine — überwiegend aus Granit oder anderem Hartgestein — unterstreichen den strengen Charakter dieses Friedhofes.

Zu den bekanntesten Persönlichkeiten, die hier an der Ehrenreihe ruhen, gehören der Schauspieler ERNST DEUTSCH (1890-1969), die SPD-Politikerin und Stadtälteste von Berlin JEANETTE WOLFF (1888-1976) und der Showmaster HANS ROSENTHAL (1925-1987). Unter JULIUS KLAUSNER (1874-1950)

Grabstätte von Hans Rosenthal

wurde die Firma »Leiser« zum führenden Schuhgroß- und -einzelhandel Berlins vor 1933. Der katholische Chinese TING YU CHEN (1894–1962) bewahrte eine Jüdin durch Heirat vor der Deportation.

Wie in Weißensee sind auch auf diesem Friedhof im Bezirk Charlottenburg beschädigte Thorarollen zerstörter Synagogen beigesetzt worden.

Jüdischer Friedhof Heerstraße
Heerstraße
W-1000 Berlin 19

🚌 Linie 149
bis Haltestelle Scholzplatz

Namenregister

Jüdische Grabmalssymbole

Bär	Namenszeichen für Dow (hebr.) und Ber (jidd.); auch Ausdruck der Macht eines Heiligen
Baum, gefällter	Symbol für zerrissenen Lebensfaden
Bücher	Symbol für Schriftgelehrtheit
Davidstern	das Hexagramm, der Magen Davids oder das Davidsschild, wurde seit dem 15. Jahrhundert zum religiösen Symbol der Juden
Eiche	als Baum der Bibel und Ausdruck der Demut
Gesetzestafeln	Hinweis auf die Zehn Gebote des Alten Testaments
Hände, segnende	Symbol für Priestersegen; Gräber von Priestern, den Kohanim — Familienname Cohen u. a.
Hirsch	Nemenszeichen für Zwi (hebr.) und Hersch (jidd.); Sinnbild der heilsbegierigen Seele, auch der Behendigkeit
Kerzen, zerbrochene	Symbol für zerrissenen Lebensfaden
Krone	Symbol für Thora, Gelehrsamkeit und Frömmigkeit; Zeichen des Guten Namens
Krug und Schüssel	Namenszeichen für Levi u. ä.; auf den Gräbern von Leviten, den Nachkommen aus dem Stamme Levi, die beim Tempeldienst den Priestern vor dem Segen die Hände wuschen
Löwe	Namenszeichen für Ari (hebt.) und Leib (jidd.); Symbol für die Zugehörigkeit zum jüdischen Volk (Löwe vom Stamm Juda)
Menorah	der siebenarmige Leuchter als Symbol für den Jerusalemischen Tempel, Symbol für geistliches Licht, Leben und Heil; auf den Gräbern von Frauen, da diese die Sabbatlichter anzündeten
Opferbüchse	Symbol der Wohltätigkeit
Rose	Symbol der Liebe; Ausdruck der Hoffnung auf die Auferstehung
Sanduhr	auch auf nichtjüdischen Grabmälern Symbol der Vergänglichkeit
Säule, abgebrochene	Symbol des abgebrochenen Lebens
Schlange	sich in den eigenen Schwanz beißende Schlange als Symbol der Ewigkeit
Taube	Namenszeichen für Jona u. ä.
Traube	Namenszeichen für Traub u. ä.; Symbol der Fruchtbarkeit
Vorhang	der Thoravorhang dient der Verhüllung der Gesetzeslade

Literaturhinweise

Architekten-Verein zu Berlin und die Vereinigung Berliner Architekten (Hrsg.): *Berlin und seine Bauten.* Drei Teile in zwei Bänden, Berlin 1896

Architekten- und Ingenieur-Verein zu Berlin (Hrsg.): *Berlin und seine Bauten. Teil X, Band A Anlagen und Bauten für die Versorgung (3) Bestattungswesen.* Berlin/München 1981

Etzold, Alfred; Kirchner, Peter; Knobloch, Heinz: Jüdische Friedhöfe in Berlin. Berlin 1980

Etzold, Alfred; Fait, Joachim; Kirchner, Peter; Knobloch, Heinz: *Die jüdischen Friedhöfe in Berlin.* 4. Auflage, Berlin 1991 (mit ausführlichem Literaturverzeichnis zur Thematik)

Gehrke, Wolfgang: Das Gelände der Spandauer Zitadelle im Mittelalter. In: *Führer zu den archäologischen Denkmälern in Deutschland. Band 23, Berlin und Umgebung.* Stuttgart 1991

Geiger, Ludwig: *Geschichte der Juden in Berlin.* Berlin 1871-1890, Reprint Leipzig 1988

Heise, Werner: Die Juden in der Mark Brandenburg bis zum Jahre 1571. *Historische Studien, Heft 220,* Berlin 1932

Informationszentrum Berlin (Hrsg.): *Jüdische Stätten in Berlin* (Faltblatt). Berlin 1989

Institut für Denkmalpflege (Hrsg.): *Die Bau- und Kunstdenkmale in der DDR. Hauptstadt Berlin I und II.* Berlin 1983 und 1987

Jahn, Johannes: Lag in der Judengasse vor dem Königstor ein jüdischer Begräbnisplatz? In: *Bilder aus der Berliner Feldmark. Schriften des Vereins für die Geschichte Berlins, Heft 58,* Berlin 1940

Kempner, Robert, M. W.: Die Ermordung von 35 000 Berliner Juden. In: *Gegenwart und Rückblick,* Heidelberg 1970

Knobloch, Heinz: *Berliner Grabsteine.* 4. Auflage, Berlin 1991

Krajewska, Monika; Kamieńska, Anna: *Zeit der Steine.* Warschau 1982

Kulturbund der DDR, Gesellschaft für Denkmalpflege (Hrsg.): *Jüdische Friedhöfe.* Konferenz vom 12. bis 14. Juni 1988 in Berlin. Referat und Diskussion. Berlin 1989

Melcher, Peter: *Weißensee – Ein Friedhof als Spiegelbild jüdischer Geschichte in Berlin.* Berlin 1986/1987

Rennert, Jürgen; Riemann, Dietmar: *Der Gute Ort in Weißensee.* Berlin 1987

Schliepmann, Hans: Friedhofskunst. *Berliner Architekturwelt, Jahrgang XIX, Heft 7,* Berlin 1916

Wegweiser durch das jüdische Berlin – Geschichte und Gegenwart. Berlin 1987

Wohlberedt, Willi: *Verzeichnis der Grabstätten bekannter und berühmter Persönlichkeiten in Groß-Berlin und Potsdam mit Umgebung.* Teil I-IV, Berlin 1932-1952

© 1992   Argon Verlag GmbH
          Potsdamer Straße 77-87,
          1000 Berlin 30

Gestaltung   Jürgen Freter
Bildnachweis Wolfgang Gottschalk,
              S. 10, 11, 24 Horst Joessel
Karten   Bernd Fischer
Satz   Mercator Druckerei GmbH Berlin
Lithographie Graphische Werkstätten Berlin GmbH
Herstellung   Merkur-Druck Mayer GmbH, Ostfildern

ISBN 3-87024-201-9